STUDIEREN MIT DEM HEILIGEN GEIST

Mein Glaubens-bekenntnis

DIE WAHRHEIT WIRD UNS FREI MACHEN!

Designed by: Follow Jesus©
Claudia Hofmann
„Mein Glaubensbekenntnis“
Zitate Bibel überwiegend: Menge-Bibel
und Schlachter 2000
Mai 2022 – 2. Auflage

„Zu den Juden, die nun an ihn **glaubten**, sagte Jesus: »Wenn ihr an **meinen** Worten festhaltet und das tut, was ich euch gesagt habe, dann seid ihr **wirklich** meine Jünger. Ihr werdet die **Wahrheit** erkennen, und die **Wahrheit** wird euch befreien!« »Aber wir sind **Nachkommen** von Abraham und **niemals** Sklaven gewesen«, wandten sie ein. »Wie kannst du da sagen: ›Ihr sollt befreit werden‹?« Jesus erwiderte ihnen: »Ich sage euch die **Wahrheit**: Jeder, der sündigt, ist ein Sklave der Sünde. Ein Sklave hat **nicht** das Recht, für immer in der Familie zu bleiben, für die er arbeitet. Dieses Recht hat nur der Sohn der Familie. Wenn euch also der Sohn Gottes befreit, dann seid ihr wirklich frei. Ich weiß natürlich auch, dass ihr Abrahams Nachkommen seid. Und trotzdem wollt ihr mich töten, weil ihr meine Worte **nicht** zu euch durchdringen lasst. Ich spreche von dem, was ich bei meinem Vater gesehen habe. Und auch ihr tut, was ihr von eurem Vater gehört habt.« »Unser Vater ist Abraham«, erklärten sie. »Nein«, widersprach ihnen Jesus, »wenn er es wirklich wäre, würdet ihr auch so handeln wie er. Ich sage euch die **Wahrheit**, die ich von Gott gehört habe, und nun wollt ihr mich töten. Das hätte Abraham nie getan. Nein, ihr handelt genau wie euer wirklicher Vater.« »Wir sind doch schließlich nicht im Ehebruch gezeugt worden«, wandten sie ein. »Wir haben nur einen Vater: Gott selbst!« Doch Jesus entgegnete ihnen: »Wenn es tatsächlich so wäre, dann würdet ihr mich lieben. Denn ich bin ja von Gott zu euch gekommen, in seinem Auftrag und nicht aus eigenem Entschluss. Aber ich will euch sagen, weshalb ihr das nicht versteht: weil ihr überhaupt nicht in der Lage seid, auf meine Worte zu hören! Denn ihr seid Kinder des Teufels. Und deshalb tut ihr bereitwillig das, was euer Vater wünscht. Der war schon von Anfang an ein Mörder und stand **nie** auf der Seite der **Wahrheit**, denn sie ist ihm völlig fremd. Sein ganzes Wesen ist Lüge, er ist der Lügner schlechthin – ja, der Vater jeder Lüge. Mir aber glaubt ihr nicht, **weil** ich die Wahrheit sage. Oder kann mir einer von euch auch nur eine einzige Sünde nachweisen? Wenn ich euch die Wahrheit sage, warum glaubt ihr mir dann nicht? Wer Gott zum Vater hat, der hört auf das, was Gott sagt. Ihr aber habt Gott nicht zum Vater, und deshalb hört ihr auch seine Worte nicht.«"

Johannes 8,31-47

Inhaltsverzeichnis

Vorwort

An einem Abend, als ich meine vielen Aufzeichnungen der letzten Jahre sortierte, kam mir der Impuls für dieses Arbeitsheft ins Herz.

Als ich noch im Coaching war, arbeiteten wir mit Glaubenssätzen. Glaubensätze sind (meist unreflektierte) Verallgemeinerungen, die wir für wahr halten. Jeder von uns denkt etwas in seinem Kopf, was er bewusst oder unbewusst glaubt. In der Psychologie arbeitet man mit diversen Methoden, wo man den Leuten beibringt, besser über sich selbst (und/oder andere Menschen) zu denken.

Wir neugeborene Christen wissen, dass das vielleicht **partiell** funktionieren mag, aber die Menschen sind unter Umständen nicht ins ewige Leben gerettet.

Wenn man gerettet ist, braucht man dann keine Gedankenerneuerung? Ist es dann egal, was wir denken? Nein, das glaubte ich nicht! Wie wir denken und was wir tatsächlich glauben, hat einen Einfluss auf unser Glaubensleben. Jesus hat uns den Zugang zu vielen Verheißungen ermöglicht (**Galater 3,13**). Diesen Verheißungen stehen wir aber oft selbst im Weg, weil wir sie, bewusst oder unbewusst, **nicht** glauben.

Mit unbewusst meine ich z.B. auch, dass viele Christen viele dieser Verheißungen gar nicht kennen und evtl. noch nie etwas von ihnen gehört haben. D.h. sie wissen unter Umständen gar nicht, dass es diese Verheißungen gibt.

In **Römer 12,1+2** lesen wir in der Gute Nachricht Bibel:

„Brüder und Schwestern, weil Gott so viel Erbarmen mit euch gehabt hat, bitte und ermahne ich euch: Stellt euer ganzes Leben Gott zur Verfügung! Bringt euch Gott als lebendiges Opfer dar, ein Opfer völliger Hingabe, an dem er Freude hat. Das ist für euch der »vernunftgemäße« Gottesdienst. Passt euch nicht den Maßstäben dieser Welt an. Lasst euch vielmehr von Gott umwandeln, damit euer ganzes Denken erneuert wird. Dann könnt ihr euch ein sicheres Urteil bilden, welches Verhalten dem Willen Gottes entspricht, und wisst in jedem einzelnen Fall, was gut und gottgefällig und vollkommen ist."

Wir können Gottes vollkommenen Willen für unser Leben evtl. nicht erkennen, **wenn** wir unser Denken nicht in die richtige Richtung bringen (Gott vollbringt es). Das Denken ändert sich, und der Glaube kommt, **wenn** wir die Wahrheiten aus der Bibel immer wieder hören und verinnerlichen. In **Römer 10,17** lesen wir:

„Der Glaube kommt also aus dem Hören der Botschaft; die Botschaft aber gründet in dem Auftrag, den Christus gegeben hat."

In der Schlachter2000-Bibel heißt es:

„Demnach kommt der Glaube aus der Verkündigung, die Verkündigung aber durch Gottes Wort."

Glaube definiert die Bibel in **Hebräer 11,1** (Schlachter2000):

„Es ist aber der Glaube eine feste Zuversicht auf das, was man hofft, eine Überzeugung von Tatsachen, die man nicht sieht."

Wir wollen Gottes Wort Glauben schenken. Wir wollen glauben, dass Jesus für uns den Sieg errungen hat, so dass wir jetzt die Verheißungen, die Gott für uns hat, annehmen können, weil er den Fluch trug, wie wir in **Galater 3,13+14** lesen:

„Christus hat uns losgekauft von dem Fluch des Gesetzes, indem er ein Fluch wurde um unsertwillen (denn es steht geschrieben: »Verflucht ist jeder, der am Holz hängt«, damit der Segen Abrahams zu den Heiden komme in Christus Jesus, damit wir durch den Glauben den Geist empfingen, der verheißen worden war."

Der Segen Abrahams, das ist das Erbe, das wir nun antreten können. Nicht aus eigenen Anstrengungen oder eigenen Werken. Nur durch Jesus und sein Werk, und unseren Glauben an sein Werk, können wir in dieses neue Leben eingehen.

In diesem Arbeitsheft habe ich euch viele Bibelstellen zusammengetragen und dann in eigener Aufzählung notiert, was wir glauben bzw. im Glauben erfassen wollen.

Wir dürfen nie vergessen, dass Gott **Geist** ist. Wir sind als neugeborene Kinder Gottes ebenfalls neue Geschöpfe im Geist (**2. Korinther 5,17 – Johannes 4,24**). Wenn wir etwas glauben können, wird es geschehen. Wir folgen dem Gott, der das Unsichtbare ins Sichtbare bringt. Der Gott, der auf sein Wort hin die Welt geschaffen hat (**Johannes 1, 1. Mose 1**) er ruft das Nichtseiende, dass es sei, s. **Römer 4,17**:

„...wie geschrieben steht: »Ich habe dich zum Vater vieler Völker gemacht«, vor Gott, dem er glaubte, der die Toten lebendig macht und dem ruft, was nicht ist, als wäre es da."

Wir werden bei einigen Bibelstellen sehen, dass uns Jesus das Gleiche vermittelt hat. Wir sollen gebeten und **dann** glauben, dass wir es schon empfangen **haben**, dann wird es werden (**Markus 11,24**):

„Darum sage ich euch: Alles, was ihr auch immer im Gebet erbittet, <u>glaubt</u>, dass ihr es empfangt, so wird es euch zuteilwerden!"

Wir müssen die Dinge (Gesundheit, Versorgung, Errettung, ewiges Leben, Wunder...) schon sehen, als wären sie sichtbar, auch wenn sie es noch nicht sind. Wir wandeln im Glauben und nicht im Schauen (**2. Korinther 5,6+7**):

„Darum sind wir allezeit getrost und wissen: Solange wir im Leib daheim sind, sind wir nicht daheim bei dem Herrn. Denn wir wandeln im Glauben und nicht im Schauen."

Wir wandeln im Glauben auf das

- **ewige** Leben und das
- **hiesige** Leben.

Für **beides** hat uns Gott **Verheißungen** gegeben. Für das ewige Leben **und** für das Leben, das wir noch hier auf der Erde im nicht vollendeten Körper verbringen.

Lies dir die Bibelverse und die Aufzeichnungen (Sätze) immer wieder durch und mache dir eigene Notizen dazu. Bete wie der Vater des Jungen, der Jesus bat, ihm bei seinem Unglauben zu helfen (**Markus 9,24**). Denn wenn wir zweifeln, werden wir **nichts** empfangen (**Jakobus 1,6**). Es ist wichtig, die Wahrheit in das Herz zu lassen und sein Herz nicht zu verhärten, wie es die Jünger teilweise getan haben (**Markus 6,52 –**

Matthäus 15,16 – Markus 8,17). Sie wurden zum Teil **nicht** verständig und glaubten Jesus für weitere Wunder. Ihr Herz war **verhärtet**. Wenn du dir aber die Wahrheiten immer wieder durchliest uns bewusst machst (durch das Wort Gottes), wirst du anfangen zu **glauben**. Die Frucht wächst von allein (**Markus 4,26-29 – Matthäus 13 – Markus 4 – Lukas 8**). Das womit wir uns beschäftigen, werden wir irgendwann glauben und es wird entsprechende Frucht hervorbringen. Das Lesen im Wort, in der Bibel, wird dich verändern. Als Kind hast du Erfahrungen gemacht, die dazu führten, dass du bestimmte Sachen einfach geglaubt hast. Du hast deinen Eltern geglaubt, den Lehrern, usw. Vielleicht sogar, was man dir in der Kirche über Glauben beigebracht hat. Du hast diese Sachen verinnerlicht und vieles war kontraproduktiv und/oder schlicht und ergreifend einfach falsch!

Jetzt bist du erwachsen und kannst dich selbst um dein Glaubensleben kümmern und entscheiden, was du glauben willst. Jeder kann glauben, was er will, aber nicht alles (was wir glauben) ist von Gott und/oder im Einklang mit seinem Denken/seinen Gedanken. Vieles ist vom Teufel, der ein Lügner ist. Auch er stellt in der „unsichtbaren Welt" zur Verfügung. **Prüfe** die Wahrheiten, von denen ich hier in diesem Heft schreibe. Wenn du an den Punkt kommst, dass es Wahrheiten und Verheißungen Gottes sind, lasse sie immer wieder auf dich wirken und du merkst, dass sich nach und nach Glauben entwickelt hat. Es kann vielleicht ein bisschen dauern und der Feind wir probieren, dir die Wahrheiten immer wieder zu stehlen (**Matthäus 13,18+19 – Johannes 10,10**)! Lass das nicht zu! Bleibe dran und das was du glaubst, wird dein Glaubensleben verändern.

Wenn wir die biblischen Wahrheiten erkennen (**Johannes 8,32**), glauben (und auch darüber sprechen, wovon das Herz voll ist, davon redet der Mund, **Lukas 6,45**), wird das Wort uns verändern. Jesus sagt, dass wir die Wahrheit erkennen werden und die Wahrheit uns „frei" macht, **Johannes 8,32**. Das Wort ist ein **Schwert** und es trennt unser Fleisch vom Geist (**Hebräer 4,12**). Alle Gedanken unterstellen wir Christus (**2. Korinther 10,5**), er ist das **Haupt**, er ist der **König**, er ist der **Sieger**, alle Knie (auch die des Teufels) **müssen** sich vor ihm beugen (**Philipper 2,10**).

Hebräer 4,12:

„Denn das Wort Gottes ist lebendig und wirksam und schärfer als jedes zweischneidige Schwert, und es dringt durch, bis es scheidet sowohl Seele als auch Geist, sowohl Mark als auch Bein, und es ist ein Richter der Gedanken und Gesinnungen des Herzens."

2. Korinther 10,3-6:

Denn obgleich wir im Fleisch wandeln, so kämpfen wir doch nicht nach Art des Fleisches; denn die Waffen unseres Kampfes sind nicht fleischlich, sondern mächtig durch Gott zur Zerstörung von Festungen, sodass wir Vernunftschlüsse zerstören und jede Höhe, die sich gegen die Erkenntnis Gottes erhebt, und jeden Gedanken gefangen nehmen zum Gehorsam gegen Christus, und auch bereit sind, jeden Ungehorsam zu bestrafen, sobald euer Gehorsam vollständig geworden ist."

2. Korinther 5,17:

„Darum: Ist jemand in Christus, so ist er eine neue Schöpfung; das Alte ist vergangen; siehe, es ist alles neu geworden!"

Du kannst dich von den ausgewählten Bibelversen inspirieren lassen und selbst das Heft weiter ergänzen. Oft nehmen wir die Bibelverse und denken, dass etwas für **andere** Menschen gilt, aber **nicht** für uns. Wir glauben, dass Gott das für **andere** bereithält, aber **nicht** für uns. Aus diesem Grund habe ich die Formulierung bewusst in die Ich-Form gebracht. Wir müssen erfassen, dass Gott uns liebt und dass die Verheißungen für jeden **Einzelnen** von uns gelten. Wir wollen in Beziehung mit Jesus und unserem Vater leben. In dieser Beziehung geht es um ihn und uns. Um Jesus, unseren Herrn, und uns. Und dann gibt es noch die Beziehungen zwischen uns und anderen Menschen. Aber an der 1. Stelle kommt unsere Beziehung zum Vater und zum Sohn, unserem Herrn Jesus. In der Ich-Form kannst du bemerken, ob du eine Wahrheit glaubst oder nicht. Bete, Gott möge dir, in Jesu Namen, bei deinem Unglauben helfen. Er wird es tun! Gott hat die Macht, dich zu verändern. Das Wort hat die Macht, dich zu verändern!

Wichtige Hinweise

1. Ich habe zum Teil Bibelverse aus der Menge-Bibel zitiert, da sie gemeinfrei ist und uneingeschränkt verwendet werden dürfen. Lies die Bibelstellen auch in anderen Fassungen, z.B. Luther oder Schlachter2000 (oder in einer einfacheren Übersetzung wie „Gute-Nachricht-Bibel“ oder „NGÜ“) nach. Manchmal sind Details wichtig, über die der Vater zu dir sprechen will. Der Heilige Geist wird dich leiten. Das Heft hat genügend Platz, dass du deine Gedanken und Offenbarungen notieren kannst, so bekommst du deine ganz eigene Lektüre zum Wort Gottes, gefüllt mit den Dingen, die Gott für dich **persönlich** als wichtig erachtet.
2. Die hier aufgeführten Punkte sind **nicht** abschließend! Sie sollen dir helfen, eine **Basis** zu haben, auf der du gut weiterbauen kannst. Das **Fundament** ist Christus, das **vollbrachte** Werk am Kreuz, der **neue** Bund, den Jesus mit seinem Blut eingeweiht hat.
3. Das folgende Kapitel ist ein Kapitel (Ich bin, der ich bin!) aus einem Heft, von dem ich nicht mehr genau weiß, wo ich dieses Kapitel einmal veröffentlich hatte. Evtl. war es in einem älteren Heft/Buch, das es nicht mehr gibt. Ich fand es für dieses Heft sehr passend.
4. Im Kapitel „Evangelium“ sind wichtige Basics aufgeschrieben, die für uns Priorität haben sollten. Wir trachten nach dem Reich Gottes und seiner Gerechtigkeit. Wir sollten aufpassen, dass wir uns nicht einfangen lassen. Gott kann viel (bis alles) für uns tun, und doch verlassen wir manchmal darüber (weil wir im Mittelpunkt stehen), die **Basis**, das Evangelium, wo wir hergekommen sind, was wir (in Christus) geworden sind und die Ewigkeit, die wir mit Gott verbringen wollen. Wir vergessen, was **sein** größtes Anliegen hier in der Welt ist: Die Rettung von Menschen ins Reich Gottes/ewiges Leben! In die ewige Gemeinschaft mit ihm! **Empfehlung:** Heft **„Gnade, Glaube und Evangelium“**. Man kann sich darauf versteifen, die Finanzen in Ordnung zu bringen, Beziehungen zu verbessern, zu helfen usw., und **dabei** vergisst man **Matthäus 6,33**, zuerst nach **seinem** Reich und **seiner** Gerechtigkeit zu trachten, darin ist alles enthalten. Alles andere (wichtige) wird uns auf diesem Weg zufallen.
5. Es gibt ein **persönliches** Inhaltsverzeichnis, fülle es nach deinen Bedürfnissen selbst aus. Es soll ein praktisches Heft sein, das dir im **lebendigen** Glauben (bei deinem Bibelstudium) hilft.
6. Es gibt (vom Bibelstudientag) Audio-Dateien im Mitglieder- und Partnerbereich – Rubrik **„Live-Streams 2021“**. Die Aufzeichnungen können helfen, dass bestimmte Wahrheiten gefestigt werden. Hör sie dir gerne an und mache dir Notizen dazu, wie es dir der Geist Gottes zeigt.
7. Nun wünsche ich dir viel Freude in Gemeinschaft mit unserem Vater und unserem Herrn Jesus.

Dein persönliches Inhaltsverzeichnis – Was für Dich wichtig ist!

Seitenzahl Inhalt

Dein persönliches Inhaltsverzeichnis – Was für Dich wichtig ist!

Seitenzahl	Inhalt

Ich bin, der ich bin...

Die Offenbarung, die ich heute mit euch teilen möchte, hat bei mir einen **Durchbruch** erzeugt. Ich habe lange Zeit gebetet und war **oft** hin- und hergerissen, was denn nun die **Wahrheit** sein möge. Aber Gott ist **treu** und er gibt uns **keinen** Stein, wenn wir um ein Stück Brot bitten. Nach jahrelangem (tatsächlich!) Gebet kam ein **tiefer Frieden**, in dieser Sache, über mich, so dass ich jetzt darüberschreiben kann. Mit der Bitte: Übernehmt das alles **nicht** einfach. Nehmt es mit ins **Gebet**, mit der Bitte, der Vater möge alles wegnehmen (bei euch, auch Götzen), was **nicht** im Einklang mit **seiner** Wahrheit steht. Der Heilige Geist wird euch **lehren**. Ich habe überwiegend die gemeinfreie Menge-Bibel verwendet, lest die Stellen gerne in verschiedenen Fassungen nach. Der **Heilige Geist** lehrt euch!

Lukas 11,1-12:

„Jesus betete (einst unterwegs) an einem Orte, und als er damit zu Ende war, sagte einer seiner Jünger zu ihm: »Herr, lehre uns beten, wie auch Johannes seine Jünger (Gebete) gelehrt hat!« Da sagte er zu ihnen: »Wenn ihr beten wollt, so sprecht: ›Vater, geheiligt werde dein Name! Dein Reich komme! Unser auskömmliches Brot gib uns Tag für Tag! Und vergib uns unsere Sünden, denn auch wir vergeben jedem, der sich an uns verschuldet! Und führe uns nicht in Versuchung!‹« Dann fuhr er fort: »Wer unter euch hätte wohl einen Freund und ginge (nicht) mitten in der Nacht zu ihm und sagte zu ihm: ›Freund, hilf mir mit drei Broten aus! Denn ein Freund von mir ist auf der Reise zu mir gekommen, und ich habe ihm nichts vorzusetzen‹; und jener würde von drinnen antworten: ›Belästige mich nicht! Die Tür ist schon verschlossen, und meine Kinder liegen schon bei mir im Bett; ich kann nicht aufstehen und es dir geben!‹ Ich sage euch: Wenn er auch nicht deshalb aufstehen und ihm das Gewünschte geben mag, weil jener sein Freund ist, so wird er doch wegen dessen Hartnäckigkeit aufstehen und ihm geben, soviel er bedarf. So sage denn auch ich euch: Bittet, so wird euch gegeben werden; suchet, so werdet ihr finden; klopft an, so wird man euch auftun! Denn wer da bittet, empfängt, und wer da sucht, findet, und wer anklopft, dem wird man auftun. Wo wäre aber unter euch ein Vater, der seinem Sohne, wenn er ihn um Brot bittet, einen Stein reichte? Oder wenn er ihn um einen Fisch bittet, wird er ihm statt dessen wohl eine Schlange reichen? Oder auch einen Skorpion statt eines Eies? Wenn nun ihr, die ihr doch böse seid, euren Kindern gute Gaben zu geben versteht: wieviel mehr wird der Vater vom Himmel her Heiligen Geist denen geben, die ihn darum bitten!«"

Gott hat mir **versprochen**, mir **nichts** zu geben, was nicht gut für mich ist. Ich kann daher darauf vertrauen, wenn ich alle Götzen losgelassen habe, wenn ich nur **seine** Wahrheit und **seinen** Willen in meinem Leben will, dass er mir die Wahrheit zeigen wird. Wohl mag der Feind mir Verschiedenes anbieten, denn er kennt die Schrift ebenfalls (s. Jesus in der Wüste), doch wenn wir im Gebet hartnäckig bleiben, wird die Wahrheit zu uns durchdringen und wir werden **wissen**, was Wahrheit ist.

Anmerkung: Wer noch den Götzen Geld hat, möge das dem Vater hinlegen. Wir können **nicht** zwei Herren dienen und wenn dieses Thema **nicht** im Einklang mit Gottes Wort steht, wirst du immer dem Teufel signalisieren, dass du **noch** mit ihm speisen möchtest. Das gilt auch für **jeglichen** anderen Götzen aber gerade der Götze Geld, darüber hat Jesus viel gesprochen und wir sollten das **ernst** nehmen (**Matthäus 6,24 – 1. Korinther 10,21+22** – empfehle ich zu lesen).

Jesaja 26,1-13:

„Einem festen Herzen bewahrst du den Frieden, den Frieden, weil es auf dich vertraut. Vertraut auf den HERRN allezeit, denn Jah, der HERR, ist ein Fels der Ewigkeiten! Denn er hat erniedrigt die Bewohner der Höhe, die hochragende Stadt; er hat sie niedergeworfen, er hat sie zu Boden gestürzt, hat sie herabgestoßen bis in den Staub, dass sie der Fuß zertrete, die Füße der Elenden, die Tritte der Armen.« Der Pfad des Gerechten ist gerade; geradeaus bahnst du den Weg des Gerechten. Auch auf dem Weg deiner Gerichte, HERR, harrten wir auf dich; auf deinen Namen und dein Gedenken war das Verlangen der Seele gerichtet. Meine Seele verlangte nach dir in der Nacht, ja, mein Geist in mir suchte dich; denn sobald deine Gerichte die Erde treffen, lernen die Bewohner des Erdkreises Gerechtigkeit. Wird dem Gottlosen Gnade erwiesen, so lernt er nicht Gerechtigkeit; in dem Land, wo Ordnung herrscht, handelt er verkehrt und sieht nicht die Majestät des HERRN. HERR, deine Hand ist erhoben; sie wollen es nicht sehen! Sie werden es aber sehen und sich schämen müssen. Der Eifer für das Volk, das Zornesfeuer wird deine Feinde verzehren. Uns aber, HERR, wirst du Frieden schaffen; denn auch alle unsere Werke hast du für uns vollbracht. O HERR, unser Gott, andere Herren als du herrschten über uns; aber [künftig] gedenken wir allein an dich, an deinen Namen!"

Einem **festen** Herzen bewahrt Gott den Frieden.

Im **2. Mose 3,13-15** steht:

„Da sagte Mose zu Gott: »Wenn ich nun aber zu den Israeliten komme und ihnen sage: ›Der Gott eurer Väter hat mich zu euch gesandt‹, und wenn sie mich dann fragen: ›Wie heißt er denn?‹, was soll ich ihnen dann antworten?« Da sagte Gott zu Mose: »Ich bin, der ich bin.« Dann fuhr er fort: »So sollst du zu den Israeliten sagen: Der ›Ich bin‹ hat mich zu euch gesandt!« Und weiter sagte Gott zu Mose: »So sollst du zu den Israeliten sagen: ›Der HERR, der Gott eurer Väter, der Gott Abrahams, der Gott Isaaks und der Gott Jakobs, hat mich zu euch gesandt.‹ Das ist mein Name in Ewigkeit und meine Benennung von Geschlecht zu Geschlecht.«"

Als ich noch als Trainer und Coach im Bereich der **Psychologie** unterwegs war, haben wir mit **Affirmationen** und **positiven Glaubenssätzen** gearbeitet. Ein Glaubenssatz ist eine **unreflektierte** Verallgemeinerung, die wir für **wahr** halten. Mit anderen Worten: **Das**, was ich **persönlich** glaube, was ich für wahr halte, was für mich wahr ist, ist **mein** Glaube! Und den hat **jeder** Mensch, auch Atheisten, jeder Gläubige auf **seine** eigene Art und Weise. Die Frage ist: Ist das, was ich **glaube**, das **gleiche**, was **Gott** glaubt zw. was Jesus glaubte? Wir müssen in **Betracht** ziehen, dass **unser** Denken und **unser** Glaube **falsch** sind und uns Gott unterordnen, damit **er** unser Denken und unseren Glauben an ihn anpassen kann (**Römer 12,1+2**). **Anmerkung:** Ich kann dir versichern, es wird weit weniger Stress in deinem Leben hervorrufen, wenn du seinem Willen und Plan (für dein Leben) folgst!

Leider haben sich Lehren eingeschlichen, dass man sich (nur) **gut** verhalten muss und **damit** schon Jesus ähnlicher wird. Andere Lehren wiederum praktizieren tatsächlich eine Art „Positives Denken", womit oft die vollkommende Hingabe vom Teufel vertuscht wird. Diese „Gläubigen" sind (unter Umständen) immer noch Sünder in der Gemeinde der Gerechten (**Psalm 1,4**) und noch nicht (!) gerettet! Wir sollten in

unserem Glauben Jesus ähnlicher werden, dann werden wir **automatisch** Jesus ähnlicher werden, weil in diesem Fall Gott die Führung über unser Fleisch und unser Leben hat. So, wie es bei Jesus war.

Wir haben damals im Coaching regelrechte **Glaubenssatzlisten** gehabt, mit denen wir unser Denken erneuert haben. Wir hatten das Wissen aus der **Quantenphysik**, welches für uns die **wissenschaftliche** Wahrheit enthielt, dass das, was wir **denken**, wahr werden, und das, worauf wir uns **fokussieren**, manifestiert wird. Man nennt es dort die „sich selbst erfüllende Prophezeiung“. Ich habe einige Menschen kennengelernt, die sich Christen nennen und mit diesen Lehren (Positives Denken) in Gemeinden verkehren und sie anwenden. Hinter diesen Lehren kann ich nicht (!) stehen, auch wenn manche „scheinbar bibeltreue Christen“ mir eine solche Vorgehensweise unterstellen wollen!

Lange habe ich darüber gebetet, wie diese **Irrlehre** wohl im Original bei Gott aussieht. Für mich ist Gottes Wort und die Bibel die Wahrheit und ich glaube, dass der Teufel eine **billige** Kopie gemacht hat, um Menschen von Gott **wegzuziehen**, ins Verderben. Immer wieder war ich hin- und hergerissen, aber in **diesem** Kapitel möchte ich euch zeigen, auf welchen Weg mich (meiner Ansicht nach, weil ich Gott wirklich suche und fürchte, und ich **nichts** tun möchte, was **ihm** ein Gräuel ist), geführt hat. Möge es dich persönlich weiterbringen und segnen, bete darüber.

Zuerst wurde nach meiner Bekehrung mein **Denken** eingerissen, dass ich damals als Coach hatte. Ich hatte nämlich solche **Glaubenssätze**, dass ich gesund bin, dass ich erfolgreich bin, dass ich versorgt bin, dass ich geliebt bin usw. Vieles war in meinem Denken so, wie es Jesus in den Evangelien sagt und wie wir es in vielen Stellen der Bibel finden.

Zuerst hatte ich nach der **radikalen** Neugeburt diesen Glauben immer noch. Er war für mich im **Einklang** mit Gottes Wort. Jetzt kam für mich **nur** zusätzlich dazu, dass ich **Jesus** ernst nahm und auch seine Gebote und das, was er mir/uns zu sagen hat/hatte. Wer sich noch an die Anfänge meines Dienstes erinnert, wird bestätigen können, dass ich damals sehr **radikale** Worte der Umkehr sprach, zu den Esoterikern und denen, die damals meinem Business folgten. Ich wollte **viele** mit auf den Weg mit Jesus nehmen, letztlich waren es **keine** fünf Personen, die nun **Jesus** als Retter und Heiland und persönlichen Herrn und König angenommen haben.

Damals (zu Beginn meines Glaubenslebens) erlebte ich ziemliche **Wunder** mit Gott, **insbesondere** Versorgungswunder. Er schickte mir auf **übernatürliche** Weise meine damalige Wohnung, obwohl ich **keinen** (weltlichen) Job mehr hatte und als alleinerziehende Mutter bei Vermietern **nicht** gut angesehen war. Nicht jeder kann mit einer gläubigen Person im „Vollzeitdienst für das Reich Gottes“ etwas anfangen. Mein **damaliger** Vermieter verriet mir einmal, dass er die Wohnung (in der ich wohnte) **nicht** kaufen wollte. Er meinte, wenn seine verstorbenen Eltern im Himmel wären, hätten sie mich ihm geschickt. Er **wusste** trotz vieler Bewerber um die Wohnung, dass **ich** sie haben soll. Es wurde **niemand** sonst zur Besichtigung eingeladen. Ich war die **Einzige** und **bekam** die Wohnung auch. Gott kann jeden Menschen bewegen, was wir auch beim Pharao schön sehen können (oder Judas, in den Gott den Satan einfahren ließ, s. **Johannes 13,27**).

Gott kümmerte sich um **alles** und ich **proklamierte** das damals ständig, dass Gott mich nicht hängen lassen wird, auch bei den **Zweiflern** in meinem Umfeld (die sogar der christlichen Gemeinde angehörten und die zum größten Teil mein „Vorgehen“ nicht verstehen konnten). Einer meiner Sätze war:

„Gott hat mich aus dem alten Leben herausgeholt, also wird er mich jetzt <u>nicht</u> im Stich lassen. Er kommt vielleicht <u>nicht</u> immer zu früh, aber <u>niemals</u> zu spät!"

Stück für Stück, auch natürlich auch, weil ich viele YouTube-Videos von Predigerinnen und Predigern sah und dann auch in eine freikirchliche Gemeinde, wurde mein Glaube **erschüttert**. Ich erfuhr plötzlich, dass man **gläubig**, **aber krank** sein kann, weil Gott das zulässt oder (noch schlimmer) es sogar sein Wille für mich sein könnte. Dass man **Mangel** leiden kann, **kein** Geld hat usw. Ich wurde mit einem Glauben **konfrontiert**, der völlig **konträr** zu dem war, was ich **bisher** ge- und mit Gott erlebt hatte. Da ich ja aber jetzt ein **neues** Leben hatte, wollte ich **so** leben, wie es Gott **gefällt**. Also riss ich erst einmal **mein** (wie ich damals dachte) falsches Denken ein, in dem **Vertrauen**, dass Gott sich schon darum kümmert und mich erneuert. Wenn es nicht wahr ist und ich vorher in einer biblischen Wahrheit gefestigt war, wird kommt mir diese (wieder) zukommen lassen, **Lukas 18,1-8**.

Permanent hatte ich aber diese **Zerrissenheit** in mir. Über diese habe ich öffentlich **nicht** geredet, nur über solche Dinge, von denen ich nach viel Gebet im **Frieden** mit Gott war. Ich fragte mich aber **permanent**, wie mein **damaliges** Denken vom Teufel gewesen sein kann, ich **gleichzeitig** aber **dieses** Denken bei Jesus beobachtete und es auch **biblisch** zum Segen der Gerechten passte. Jesus stand **fest**. Er war **überzeugt**, dass er **nicht** krank wird. Er war **überzeugt**, dass ihm die **Dämonen** gehorchen. Er war **überzeugt**, dass der Vater ihn zur **rechten** Zeit versorgen wird und wenn er ihn **bittet**, Brot und Fisch zu vermehren, dass er das tun wird. Er war **überzeugt**, dass sein Vater **immer** mit ihm ist (bis zu dem Zeitpunkt, an dem er ihn an unserer Stelle verlassen musste – **Matthäus 27,46)**. Bis hin zu **diesen** Bibelstellen, die mir durch und durch gingen:

Matthäus 26,51-56:

„Und siehe, einer von denen, die bei Jesus waren, streckte die Hand aus, zog sein Schwert, schlug den Knecht des Hohenpriesters und hieb ihm ein Ohr ab. Da sprach Jesus zu ihm: Stecke dein Schwert an seinen Platz! Denn alle, die zum Schwert greifen, werden durch das Schwert umkommen! <u>Oder meinst du, ich könnte nicht jetzt meinen Vater bitten, und er würde mir mehr als zwölf Legionen Engel schicken? Wie würden dann aber die Schriften erfüllt, dass es so kommen muss?</u> In jener Stunde sprach Jesus zu der Volksmenge: Wie gegen einen Räuber seid ihr ausgezogen mit Schwertern und Stöcken, um mich zu fangen! Täglich bin ich bei euch im Tempel gesessen und habe gelehrt, und ihr habt mich nicht ergriffen. Das alles aber ist geschehen, damit die Schriften der Propheten erfüllt würden. — Da verließen ihn alle Jünger und flohen."

Es war klar: Wenn Jesus den Vater **gebeten** hätte, dann hätte Gott diese Engel **geschickt**. Jesus war **demütig** und Gott **untergeordnet** und **wollte** (!) den Willen des Vaters tun. Er **wusste**, wenn er den Willen des Vaters tut, ist er in **seinem** Plan und das war der **beste** Plan, den es für ihn (Jesus) gab. Er **glaubte** und **vertraute** dem Vater, ebenso wie Abraham (**Hebräer 11,17-19**). Eine weitere Bibelstelle, die mich bewegte, ist **Johannes 19,8-12**:

„Als Pilatus dieses Wort hörte, fürchtete er sich noch mehr, und er ging wieder in das Prätorium hinein und sprach zu Jesus: Woher bist du? Aber Jesus gab ihm keine Antwort. Da spricht Pilatus zu ihm:

Redest du nicht mit mir? Weißt du nicht, dass ich Vollmacht habe, dich zu kreuzigen, und Vollmacht habe, dich freizulassen? Jesus antwortete: Du hättest gar keine Vollmacht über mich, wenn sie dir nicht von oben her gegeben wäre; darum hat der, welcher mich dir ausliefert, größere Schuld! Von da an suchte Pilatus ihn freizugeben."

Jesus machte uns **deutlich**, dass Pilatus **nicht** in der Lage war, den Plan Gottes zu **durchkreuzen**. Er machte ihm klar, dass er **nur** selbst denke, er hätte die Macht und dass die **wahre** Macht bei Gott lag/liegt. Jesus **sollte** für uns alle ans Kreuz gehen (**Jesaja 53,10**), damit **wir** frei werden konnten. Es war der große **Heilsplan** Gottes, den so viele in der heutigen Zeit **leugnen** (und für mich damit den Heiligen Geist lästern). Wir sollten **den** nicht unterschätzen, der **IST**!

In **2. Timotheus 3,5** lesen wir:

„...dabei haben sie den äußeren Schein von Gottesfurcht, deren Kraft aber verleugnen sie. Von solchen wende dich ab!"

Gottes Worte dazu sind klar, s. **2. Korinther 1,18-31**:

„Denn das Wort vom Kreuz ist eine Torheit denen, die verlorengehen; uns aber, die wir gerettet werden, ist es eine Gotteskraft; denn es steht geschrieben: »Ich will zunichtemachen die Weisheit der Weisen, und den Verstand der Verständigen will ich verwerfen«. Wo ist der Weise, wo der Schriftgelehrte, wo der Wortgewaltige dieser Weltzeit? Hat nicht Gott die Weisheit dieser Welt zur Torheit gemacht? Denn weil die Welt durch [ihre] Weisheit Gott in seiner Weisheit nicht erkannte, gefiel es Gott, durch die Torheit der Verkündigung diejenigen zu retten, die glauben. Während nämlich die Juden ein Zeichen fordern und die Griechen Weisheit verlangen, verkündigen wir Christus den Gekreuzigten, den Juden ein Ärgernis, den Griechen eine Torheit; denen aber, die berufen sind, sowohl Juden als auch Griechen, [verkündigen wir] Christus, Gottes Kraft und Gottes Weisheit. Denn das Törichte Gottes ist weiser als die Menschen, und das Schwache Gottes ist stärker als die Menschen.
26 Seht doch eure Berufung an, ihr Brüder! Da sind nicht viele Weise nach dem Fleisch, nicht viele Mächtige, nicht viele Vornehme; sondern das Törichte der Welt hat Gott erwählt, um die Weisen zuschanden zu machen, und das Schwache der Welt hat Gott erwählt, um das Starke zuschanden zu machen; und das Unedle der Welt und das Verachtete hat Gott erwählt, und das, was nichts ist, damit er zunichtemache, was etwas ist, damit sich vor ihm kein Fleisch rühme. Durch ihn aber seid ihr in Christus Jesus, der uns von Gott gemacht worden ist zur Weisheit, zur Gerechtigkeit, zur Heiligung und zur Erlösung, damit [es geschehe], wie geschrieben steht: »Wer sich rühmen will, der rühme sich des Herrn!«"

Gott **ernst** zu nehmen ist eine Sache, das Kreuz und seine (**positiven**) Folgen, eine **andere**.

Als ich Jesus in den **Evangelien** studierte, wurde mir **bewusst**, **was** er alles für uns möchte. Er kam und hat uns **gezeigt**, **wie** Gott ist. In **Johannes 14,1-14** sagt Jesus:

„Euer Herz erschrecke nicht! Glaubt an Gott und glaubt an mich! Im Haus meines Vaters sind viele Wohnungen; wenn nicht, so hätte ich es euch gesagt. Ich gehe hin, um euch eine Stätte zu bereiten. Und wenn ich hingehe und euch eine Stätte bereite, so komme ich wieder und werde euch zu mir nehmen, damit auch ihr seid, wo ich bin. Wohin ich aber gehe, wisst ihr, und ihr kennt den Weg. Thomas spricht zu ihm: Herr, wir wissen nicht, wohin du gehst, und wie können wir den Weg kennen? Jesus spricht zu ihm: Ich bin der Weg und die Wahrheit und das Leben; niemand kommt zum Vater als nur durch mich! Wenn ihr mich erkannt hättet, so hättet ihr auch meinen Vater erkannt; und von nun an erkennt ihr ihn und habt ihn gesehen. Philippus spricht zu ihm: Herr, zeige uns den Vater, so genügt es uns! Jesus spricht zu ihm: So lange Zeit bin ich bei euch, und du hast mich noch nicht erkannt, Philippus? Wer mich gesehen hat, der hat den Vater gesehen. Wie kannst du da sagen: Zeige uns den Vater? Glaubst du nicht, dass ich im Vater bin und der Vater in mir ist? Die Worte, die ich zu euch rede, rede ich nicht aus mir selbst; und der Vater, der in mir wohnt, der tut die Werke. Glaubt mir, dass ich im Vater bin und der Vater in mir ist; wenn nicht, so glaubt mir doch um der Werke willen! Wahrlich, wahrlich, ich sage euch: Wer an mich glaubt, der wird die Werke auch tun, die ich tue, und wird größere als diese tun, weil ich zu meinem Vater gehe. Und alles, was ihr bitten werdet in meinem Namen, das will ich tun, damit der Vater verherrlicht wird in dem Sohn. Wenn ihr etwas bitten werdet in meinem Namen, so werde ich es tun."

Später sagt er sogar, dass **nicht** mehr **er** die Dinge tun wird, sondern der **Vater** wird es tun, dass wir **ihn** selbst bitte können. Das ist auch **folgerichtig**, denn mit dem Tausch am Kreuz bekamen wir das **Recht** bekommen, **freimütig** zu Gott zu kommen und ihn zu bitten. In **Johannes 16,22-33**:

„So habt auch ihr nun Traurigkeit; ich werde euch aber wiedersehen, und dann wird euer Herz sich freuen, und niemand soll eure Freude von euch nehmen. Und an jenem Tag werdet ihr mich nichts fragen. Wahrlich, wahrlich, ich sage euch: Was auch immer ihr den Vater bitten werdet in meinem Namen, er wird es euch geben! Bis jetzt habt ihr nichts in meinem Namen gebeten; bittet, so werdet ihr empfangen, damit eure Freude völlig wird! Dies habe ich euch in Gleichnissen gesagt; es kommt aber die Stunde, da ich nicht mehr in Gleichnissen zu euch reden, sondern euch offen vom Vater Kunde geben werde. An jenem Tag werdet ihr in meinem Namen bitten, und ich sage euch nicht, dass ich den Vater für euch bitten will; denn er selbst, der Vater, hat euch lieb, weil ihr mich liebt und glaubt, dass ich von Gott ausgegangen bin. Ich bin vom Vater ausgegangen und in die Welt gekommen; wiederum verlasse ich die Welt und gehe zum Vater. Da sagen seine Jünger zu ihm: Siehe, jetzt redest du offen und gebrauchst kein Gleichnis! Jetzt wissen wir, dass du alles weißt und es nicht nötig hast, dass dich jemand fragt; darum glauben wir, dass du von Gott ausgegangen bist! Jesus antwortete ihnen: Jetzt glaubt ihr? Siehe, es kommt die Stunde, und sie ist jetzt schon da, wo ihr euch zerstreuen werdet, jeder in das Seine, und mich allein lasst; aber ich bin nicht allein, denn der Vater ist bei mir. Dies habe ich zu euch geredet, damit ihr in mir Frieden habt. In der Welt habt ihr Bedrängnis; aber seid getrost, ich habe die Welt überwunden!"

Zusätzlich kamen **all** die Bibelstellen zu mir, dass ich in Christus eine **neue Schöpfung** geworden bin (**2. Korinther 5,17**), dass Jesus **für mich** den Fluch trug, damit **ich** Segen haben kann (**Galater 3,13+14**) und dass ich in dieser Welt **so** bin, wie **er ist** (**1. Johannes 4,16**). Mit den **vielen** Bibelstellen, die mir immer mehr zeigten, was Gott für mich (schon in dieser Weltzeit) hat, weil ich sein Kind bin (**Römer 8,15**), überrollten mich auf einmal. Ich konnte davon ausgehen, dass dies meine Gebetserhörungen (um Weisheit und Erkenntnis) waren.

Dann kamen **all** die Bibelstellen, wie Jesus (!) **von sich selbst** sprach. Es ist daher **nur** folgerichtig, dass ich lernte, auch so von **mir** zu sprechen und mich **so** zu sehen, wie Gott mich (durch Christus) sieht.

Hier liegt eine **Hürde**, denn **religiös** geprägte Christen, die die Wahrheit für sich selbst **nicht** angenommen haben, halten dies für hochnäsig, hochmütig, überheblich und arrogant. Bei genauerem Hinschauen merkte ich jedoch, dass diese Christen, die das behaupteten, **selbst** in vielen Götzen und ihrem Fleisch hingen und **nicht** bereit waren, ihre Gedanken und Sinne (ihr ganzes Denken) vom Heiligen Geist **erneuern** zu lassen (**Römer 12,1+2**).

Damals, in der **freikirchlichen** Gemeinde, beschloss ich, **keine** Wahrheit als Wahrheit anzunehmen, die von den „Ältesten" **offensichtlich** durch ihr Fleisch (und ihre eigenen menschlichen Meinungen) **geprägt** waren und die (für mich) nicht nüchtern biblisch belegt waren Meist waren es „einfach nur" Behauptungen oder ihre persönlichen Meinungen oder das, was sie in ihrem Theologiestudium oder auf der Bibelschule (je nach Denomination unterschiedlich) gelernt hatten.

Das brachte mich wiederum in einen Konflikt, dass ich doch nach dem Wort Ältesten gegenüber **untergeordnet** sein müsste und tun müsste (annehmen müsste), was sie sagen. Doch da passte für mich die **Bibelstelle**, die mir Gott zeigte, dass man Gott **mehr** gehorchen muss als den Menschen (**Apostelgeschichte 5,29**). Außerdem sprach Gott **über 1. Timotheus 4,12** zu mir, dass es sein **kann**, dass man **jung** gläubig ist, aber **mehr** Weisheit und Erkenntnis haben kann als jemand, der schon 50 Jahre lang Christ ist, eine Bibelschule oder ein Theologiestudium absolviert hat, siehe auch Elihu in **Hiob 32-37**. Weiterhin zeigte mir der Heilige Geist, dass es denjenigen nicht gut gehen wird, die einen der Geringen, die an ihn glauben (und ihm vertrauen) zu Fall bringen wird, **Matthäus 18,6**. Wenn ich Gott für Großes glaube und mir jemand das ausreden will, dann verführt er mich zur Sünde, indem er mir den Glauben abspricht (den er nicht hat), denn ich werde Dinge tun, an die ich nicht glaube, was Sünde ist, **Römer 14,23**.

Meine **frühere** Arbeit hatte den **Vorteil**, dass meine **Gedanken und Sinne** über **Jahrzehnte** bereits in eine Richtung **erneuert** wurden, die dem **Denken und Glauben** von Jesus sehr **ähnlich** war, aber ich hatte **Jesus** noch nicht, weshalb ich **gnadenlos** verloren gewesen wäre, wenn ich gestorben (oder Jesus wiedergekommen) wäre. Außerdem gründete ich meinen Glauben auf meine Kraft und **nicht** auf das vollbrachte Werk am Kreuz, mit ihm als Mittelpunkt in meinem Leben.

Ich konnte mich von den Glaubensgeschwistern **nicht** in eine fleischliche/gedankliche Knechtschaft bringen lassen, nur weil **sie** für **sich selbst** die Freiheit, **in** Christus (durch noch manipulierte Gedanken), noch **nicht weitreichend** angenommen haben/hatten. Das sorgte für viel **Konfliktpotenzial**, das ich erst wieder **vor** den Herrn bringen und mit ihm **durchstehen** musste.

Als ich das Wort **Demut** studierte, kam ich zu folgenden Bibelstellen, z.B. **Kolosser 2,18-20**:

„Lasst nicht zu, dass euch irgendjemand um den Kampfpreis bringt, indem er sich in Demut und Verehrung von Engeln gefällt und sich in Sachen einlässt, die er nicht gesehen hat, wobei er ohne Grund aufgeblasen ist von seiner fleischlichen Gesinnung, und nicht festhält an dem Haupt, von dem aus der ganze Leib, durch die Gelenke und Bänder unterstützt und zusammengehalten, heranwächst in

dem <u>von Gott gewirkten</u> Wachstum. Wenn ihr nun mit Christus den Grundsätzen der <u>Welt</u> gestorben seid, weshalb lasst ihr euch Satzungen auferlegen, als ob ihr noch in der Welt lebtet?"

So viele Christen leben **gemäß** den Grundsätzen **dieser** Welt und halten sich in **diesem** Weltlauf noch **nicht** für diese Welt gestorben. Sie sind noch mittendrin in dieser Welt und leben nicht viel anders als die Menschen in der Welt. Dabei sagt uns **Römer 12,1+2** ganz klar, dass wir uns **nicht** diesem Weltlauf anpassen sollen. Die meisten beziehen dies nur auf „schlimme" Sünden, wobei sie Götzendienste und mangelnden Glauben ausblenden. Wie Jesus sagte, sie sieben die Mücke aus und verschlucken dabei ganze Kamele ohne Bedenken, **Matthäus 23,23+24**.

Weiter, **Philipper 2,1-3**:

„Gibt es nun [bei euch] <u>Ermahnung</u> in Christus, gibt es Zuspruch der Liebe, gibt <u>es Gemeinschaft des Geistes</u>, gibt es Herzlichkeit und Erbarmen, so macht meine Freude völlig, **<u>indem ihr eines Sinnes seid</u>*, gleiche Liebe habt,* <u>einmütig und auf das eine bedacht seid</u>**. ***Tut nichts aus Selbstsucht oder nichtigem Ehrgeiz, sondern in Demut achte einer den anderen höher als sich selbst. Jeder schaue nicht auf das Seine, sondern jeder auf das des anderen. Denn ihr sollt so gesinnt sein, wie es Christus Jesus auch war, der, als er in der Gestalt Gottes war, es nicht wie einen Raub festhielt, Gott gleich zu sein; sondern er entäußerte sich selbst, nahm die Gestalt eines Knechtes an und wurde wie die Menschen; und in seiner äußeren Erscheinung als ein Mensch erfunden, erniedrigte er sich selbst und wurde gehorsam bis zum Tod, ja bis zum Tod am Kreuz. Darum hat ihn Gott auch über alle Maßen erhöht und ihm einen Namen verliehen, der über allen Namen ist, damit in dem Namen Jesu sich alle Knie derer beugen, die im Himmel und auf Erden und unter der Erde sind, und alle Zungen bekennen, dass Jesus Christus der Herr ist, zur Ehre Gottes, des Vaters."***

Aus meiner **alten** Arbeit wusste ich, dass unsere Gedanken und Sinne **falsch** (nicht auf Gott und die Wahrheit aus) geprägt sind und ich **wusste**, dass Gott uns unsere Gedanken und Sinne erneuern **will** (**Römer 12,1+2**), so dass wir seinen **guten**, **wohlgefälligen** und **vollkommenen** Willen **erkennen** und Umstände richtig beurteilen können.

Ich stieß auf **taube** Ohren, wenn ich darüber sprach. Letztlich ist es so: Jeder, der noch aus sich selbst heraus (aus dem Fleisch) **emotional** in etwas **involviert** und **nicht** frei davon ist, **kann** keine objektive/gerechte Entscheidung treffen. Sein **Fleisch** bestimmt mit und wenn man **nicht** aufpasst und nüchtern ist, kann man auf einen **Irrweg** geleitet werden. Es ist daher gut, seine Schwachstellen/Achillesfersen zu kennen, wo man noch schwach im Glauben ist. Suche dir Geschwister, die in Bereichen, in denen du noch emotional verstrickt bist, Wahrheit (biblische) ins Leben sprechen. Du kannst ebenfalls für andere Geschwister Unterstützung sein, wo andere schwach sind. Es ist wichtig, Gemeinschaft mit Gläubigen zu haben und eines Sinnes im Leib Christi zu sein.

Ich beschloss **weiter** zu beten und das Wort zu **studieren**. Ich **wollte/will** wie Jesus in **dieser** Welt sein und da Jesus **keine** (!) Probleme hatte (außer mit vielen Pharisäern und denjenigen, die mit der Wahrheit nicht klarkamen, aber **keine** fleischlichen Probleme) und für **mich** (!) im **festen Vorbildglauben** stand (weil er Gott war/ist, **Johannes 1**), hatte ich mich Gott **vollkommen** hingegeben, er möge meinen **menschlichen** Geist **brechen**, so dass ich immer mehr reduziert würde, so dass **er** durch mich wirken kann. Das **tat** Gott auch und **offenbarte** mir Wahrheit für Wahrheit und diese setzte mich immer mehr frei (**Johannes 8,32 – 1. Korinther 13,12**). Das Ziel, immer mehr wie ER zu werden, obwohl wir es im Geist bereits geworden sind.

Ich **studierte** die Evangelien und erkannte, dass Jesus in **Tatsachen** sprach**, nicht** in Konjunktiven.

Wikipedia sagt zu einem Konjunktiv folgendes:

> *„Der Konjunktiv (aus spätlateinisch modus coniūnctīvus, eigentlich ‚eine der Satzverbindung dienende Aussageweise' zu lat. coniungere ‚verbinden', ‚zusammenbinden') ist im Deutschen neben dem Indikativ und dem Imperativ einer der drei Modi eines Verbs.* ***Da Aussagen im Konjunktiv häufig in den Bereich des Möglichen fallen, wird er auch als Möglichkeitsform bezeichnet.*** *Der Konjunktiv zeigt jedoch* ***nicht*** *an, dass etwas möglich* ***ist****."*

Bereits im Coaching kannte ich das **Problem** der Konjunktive. Es sind „**Möglichkeitsaussagen**", die aber **nicht** „fest" sind, z.B.:

- **Ich könnte mir vorstellen, dass Gott heilt.**
- **Ich glaube, dass xy möglich ist.**
- **Wenn wir mal davon ausgehen, Gott könnte das tun, wie wäre das dann?**

Damals **lehrten** wir (so wie es auch manche noch tun), dass man in **Behauptungen** denken, glauben und sprechen muss, um etwas zu **manifestieren**. Das spricht auch Gottes Vorgehen. Gott **sprach**: „Es **werde** Licht!" und es **ward** Licht. Gott sprach/spricht aus, was er sehen will, und es **geschieht**. Gott sagte nicht: „Es wäre schön, wenn es jetzt Licht werden würde...". Viele Menschen, die im hiesigen Leben Probleme jeglicher Art haben, leben in einem **Konjunktivdenken** und viele moderne Methoden der Sprache brachten Menschen dahin, **weich und sanft** in **Konjunktiven** zu sprechen. Für mich eine Sache des Teufels. Wer das einmal gelernt hat, bei demjenigen kann es eine Zeitlang dauern, sich dies wieder abzugewöhnen. Aus diesem Grund ging ich damals jeden Tag vor Gott auf die Knie und betete, er möge mir das alles wieder wegnehmen. „Erlöse mich von dem Bösen..." (**Matthäus 6,13**). Gott möchte dich verändern und wenn du es zulässt, wirst du merken, wie er es auch tut. Wir müssen es nicht selbst machen, wie es manche Irrlehren (im christlichen Bereich) praktizieren.

Klare Aussprachen/Tatsachen/Wahrheiten klingen oft hart und forsch, damit kommen viele im Fleisch nicht mehr klar. Aber da müssen wir m.E. durch 😊. Du wirst **merken**, wie es gute **Frucht** bringt, in Wahrheit zu leben, zu denken, zu glauben und zu sprechen.

Damals in meiner Coachingzeit war das Problem, dass Menschen in **Konjunktiven** gut zurechtkamen, wenn man aber die Aussage als **Behauptung** aufstellte, merkten sie, dass sie etwas nicht **glauben** konnten. Im christlichen Bereich könnte das z.B. folgende Aussage sein:

Konjunktiv: Ich **könnte** mir vorstellen, dass Gott mich geheilt hat. → kann man glauben.

Behauptung: Gott **hat** mich geheilt, ich **bin** geheilt! → kann man **nicht** glauben.

Behauptung: **Gott heilt!** Das **ist** sein Wille!

Über harte Aussagen können wir also wunderbar unseren Glauben prüfen, und das tat Jesus. Er beschönigte die Dinge nicht!

Studieren wir Jesus in den **Evangelien** (was ich euch empfehlen kann), sehen wir, dass Jesus **nicht** in Konjunktiven sprach. Er sprach in **Behauptungen** und genau das war vielen ein **Anstoß**, wie es heute auch noch ist (bei Christen). Das habe ich selbst erfahren. Solange ich das nicht tue (klare Worte sprechen), bleibt es ruhig und **friedlich**. Warum? Der Teufel weiß genau, dass in Konjunktionen **nichts** passiert. Sie werden ihm nicht gefährlich. Geht man jedoch in klare und feste Behauptungen/Wahrheiten aus der Bibel über, wird sichtbar, **wer** gegen die Wahrheit (und damit gegen Jesus und den Vater) rebelliert, denn Jesus ist (!) die Wahrheit, **Johannes 14,6**.

Wenn ich bezüglich des Glaubens in **Behauptungen** sprach, gab es Anstoß. Z.B.:

- Jesus **ist** der Sohn Gottes.
- Jesus **ist** der einzige Weg zu Gott.
- Jesus **hat** unsere Krankheiten getragen.
- Gott **will** heilen.
- Gott **will** uns segnen.
- Gott **hat** nur gute Dinge für uns.

Sagt man hingegen

- Jesus **könnte** der Sohn Gottes sein,
- Jesus **könnte** der einzige Weg zu Gott sein,
- Jesus **könnte evtl**. unsere Krankheiten getragen haben,
- Gott **könnte** heilen,
- Gott **könnte** uns segnen,
- Gott **könnte** gute Dinge für uns haben,

kommen die Leute **damit gut** klar. Relativierungen sind Gift für unser Glaubensleben! Gott ist **nicht** relativ! Gott **ist! Ich bin, der ich bin**, sagt Gott von sich! Punkt. Fertig. Schluss. **Kein** Kompromiss! ER ist, wie er ist und ER ist was er ist. Es ist **demütig** und **gottesfürchtig**, wenn wir ihn **so** sehen, wie er ist und **nicht** uns ein Bild von einem Gott basteln, der uns gut in unser Leben passt.

Wer noch ein **Problem** mit dem Gott der Bibel hat, **der ist wie er ist**, der wird auch im **Glaubensleben** ein Problem haben. Es gilt **Gottes** Gerechtigkeit, nicht unsere. **Er ist, wie er ist**.

Viele haben noch **Angst** vor Strafe. Der- oder diejenige hat Gott noch **nicht** erkannt und **seine** Liebe noch nicht erfasst. In **1. Johannes 4,18** sagt uns Johannes, wer **noch** die Strafe fürchtet, ist noch **nicht** in der Liebe. Diesen Menschen rate ich, sich mit dem **Evangelium der Gnade** zu beschäftigen. **Empfehlung:** Heft **„Gnade, Glaube und Evangelium“**. Wir können Gott **nicht** lieben, wenn wir vorher **nicht** seine Liebe (zuerst) angenommen haben (**1. Johannes 4,19-21**). Was dabei **herauskommt**, ist, dass Menschen **Werksgerechtigkeit** als Liebe predigen. Den **Alten** Bund statt des **Neuen** Bundes (umfangreiche Audio-Reihe im Broadcast sowie Heft **„Alter und Neuer Bund – Unterschiede verstehen“**), weil sie **selbst** die Gnade noch **nicht** umfassend erfasst haben. Weiter empfehle ich die Audioreihe **„Freiheit eines Christen – Wahrheit, die frei macht“** und/oder das Heft **„Ich bin frei!“**. Alle Hefte kannst du dir gratis als PDF herunterladen oder dir eine Druckversion käuflich erwerben.

Jesus **polarisierte**, weil er **Tatsachen** und **Behauptungen** aussprach, gegen die sich **überwiegend** natürlich die Pharisäer (Religiösen) wehrten.

Genau **das** finden wir heute noch. Um **keinen** Anstoß zu geben, trauen sich viele **nicht**, eine Wahrheit auszusprechen, weil man **niemandem** auf die Füße treten will. Doch genau **das** ist ein Problem, denn der Humanismus schleicht sich auf diese Weise in die Gemeinden ein wie ein trojanisches Pferd und zerstört sie von **innen** heraus. Die Mitglieder sind **nicht** eines Sinnes, nach **außen** (und auch nicht innerhalb der Gemeinschaft, nur oberflächlich). Vielleicht denkt sich der ein oder andere innerlich, das möge stimmen, doch nach außen traut man sich nicht, es preiszugeben. Manchmal gewinne ich den Eindruck, man hält die Menschen mit Angstmacherei klein. Es sind **pure** Machtspiele. Sich **nicht** zur Wahrheit zu bekennen, sehe ich als ein Problem an, warum? Jesus sagt es klar in **Lukas 12,8-10**:

„Ich sage euch aber: Jeder, der sich zu mir bekennen wird vor den Menschen, zu dem wird sich auch der Sohn des Menschen bekennen vor den Engeln Gottes; wer mich aber verleugnet hat vor den Menschen, der wird verleugnet werden vor den Engeln Gottes. Und jedem, der ein Wort reden wird gegen den Sohn des Menschen, dem wird vergeben werden; wer aber gegen den Heiligen Geist lästert, dem wird nicht vergeben werden."

Das Gleiche nochmal in **Markus 8,34-38**:

„Und er rief die Volksmenge samt seinen Jüngern zu sich und sprach zu ihnen: Wer mir nachkommen will, der verleugne sich selbst und nehme sein Kreuz auf sich und folge mir nach! Denn wer sein Leben retten will, der wird es verlieren; wer aber sein Leben verliert um meinetwillen und um des Evangeliums willen, der wird es retten. Denn was wird es einem Menschen helfen, wenn er die ganze Welt gewinnt und sein Leben verliert? Oder was kann ein Mensch als Lösegeld für sein Leben geben? Denn wer sich meiner und meiner Worte schämt unter diesem ehebrecherischen und sündigen Geschlecht, dessen wird sich auch der Sohn des Menschen schämen, wenn er kommen wird in der Herrlichkeit seines Vaters mit den heiligen Engeln."

Was **ist** das für ein Leib Christi, in dem die **harten** Worte Jesu **nicht** gesprochen werden dürfen? Wenn Jesus schon so spricht, wo es um die **Nichtgläubigen** geht, bei denen wir uns nicht zu ihm und zur Wahrheit bekennen, wie viel mehr wird er die **Gläubigen** zurechtweisen, wenn er kommen wird, wenn **nicht** in den eigenen Reihen Wahrheit gesprochen wird, wo er uns doch **aufgetragen** hat, eines Sinnes zu sein. Was Jesus davon hält, können wir in den 7 Sendschreiben der Offenbarung lesen. Gott ist allgegenwärtig und wer den Heiligen Geist hat, wird vom Vater in alle Wahrheit geleitet, sowie ermahnt und ermutigt (**Johannes 16,13**). Paulus spricht in **1. Korinther 5,3-13** davon, dass wir „innerhalb" der Gemeinschaft „richten" sollen. Stattdessen erleben wir Gemeinschaften, wo nach „außen" gerichtet wird, innerhalb der Gemeinschaft wird (um des lieben Friedens willen und unter dem Deckmantel von „Liebe") alles toleriert. Das entspricht nicht dem Wort.

Was auch oft **nicht** gepredigt wird, sind **Wahrheiten** aus dem **Segen**. Da liegt m.E. **Stolz** zugrunde. Eine Glaubensschwester erzählte mir einmal, dass sie sich **scheute** zu sagen, dass Jesus am Kreuz alle Krankheit getragen hat (**Matthäus 8,17 – 1. Petrus 2,24 – Jakobus 5,15 – Jesaja 53,3-5),** weil sie **selbst** noch **keine** Heilung empfangen hatte und diesem Punkt **selbst** noch schwach im Glauben war/ist, deshalb ließ sie die Lüge **ohne** Korrektur stehen.

Ich wies sie **zurecht** und sagte ihr, dass dies Stolz sei. Weil **ich** im Glauben schwach bin, sage ich **keine** Wahrheit, **weil:** es könne ja blöd aussehen. Ich könnte wie ein **Versager** dastehen, weil **ich** es nicht hinbekomme. **Werksgerechtigkeit**, **Stolz** und **Menschenfurcht** lässt Menschen **nicht** zugeben, dass sie an einer Stelle im Glauben schwach sind. Außerdem erfüllen sie dann auch **nicht** die Schriftstelle, dass **jeder** den anderen **höher** achten soll als sich selbst (**Philipper 2,3**), denn die **Wahrheit**, auch wenn **ich** sie **noch** nicht glauben kann, könnte ja die **andere** Person freisetzen.

Ich erwiderte darauf, dass ich z.B. **selbst** sehr schwach im Glauben war (und an anderen Stellen immer noch bin), was meine **Versorgung** im Vollzeitdienst angeht. Aber **was** wäre ich für ein Dienst, wenn **ich** deshalb Wahrheit **nicht** spreche? Ich würde die Menschen um **meiner** Ehre Willen um Wahrheit **berauben**!

Genau **das** passiert in vielen Gemeinden. Um **nicht selbst** dumm dazustehen, weil man etwas nicht hinbekommt, sagt man die Wahrheit nicht. Ein **Vertuschen**, das sicher **nicht** nach dem Willen Gottes ist! Wir haben alle die Herrlichkeit verfehlt, die wir vor Gott haben müssten (**Römer 3,23-26**). Aber wir **bekennen** einander unsere Sünden (z.B. Mangelnder Glaube ist Sünde, **Römer 14,23 – Jakobus 5,16-18**) und nehmen unsere **Schwachheit** im Glauben an (**Römer 14,14**) und **einer** trage des **Anderen** Last (**Galater 6,2**). Wir wollen einander annehmen, wie Christus uns angenommen hat (Römer 15,7). Einander **annehmen** heißt **nicht**, keine Wahrheit zu sprechen oder zu verdrehen, **weil** sich das **gut** anfühlt! Das ist der gefährliche Humanismus, in dem der Mensch höher steht als Gott!

Würde Wahrheit in der Gemeinde und **über** Menschen ausgesprochen und das **Wort**, das **schärfer** ist als ein **zweiseitiges**/beidseitig geschliffenes Schwert (**Hebräer 4,12 – Epheser 6,17 – 2. Korinther 10,5**) **würde** es die Menschen **freisetzen**, **weil** Wahrheit gesprochen würde, aus der Predigt, aus dem Wort (**Römer 10,17 – Johannes 8,32**). **Dann** würden wir auch unseren Missionsauftrag erfüllen, dass Jesus uns geboten hat, **alles** zu lehren/halten, was **er** uns gezeigt hat (**Matthäus 28,19+20**).

Aber weil aus Stolz oft **keine** Wahrheit gesprochen wird, haben wir dieses **religiöse** Chaos, in dem wir uns gerade befinden. Man **einigt** sich wieder **grob** auf die Gebote und die Bergpredigt und gutes Verhalten oder eine gemeinsame Schnittmenge/Ökumene...) (und das **neue** Leben, das **gute** Leben, die Freiheit, die der **Geist** uns geschenkt hat, lässt man außen vor. Ich möchte gar nicht darüber **nachdenken**, was es für die Christenheit bedeuten würde, wenn **das/dieses Verhalten** die **Lästerung** des Heiligen Geistes ist, von dem die Bibel spricht, als **die** Sünde, die **nicht** vergeben werden kann (**Matthäus 12,31+32 – Markus 3,28+29 – Lukas 12,10 und dazu passend 2. Timotheus 3,5 – Epheser 4,20 – 1. Thessalonicher 5,19**). Wie bereits einmal erwähnt, gefiel mir die Aussage eines Predigers: „Manche wollen **christlicher** sein als Jesus selbst es war."

Das ewige Leben besteht darin, dass wir Gott und Jesus erkennen (Jesus in seiner Abschlussrede in **Johannes 17,3 – 1. Korinther 13,12 – 2. Petrus 1,2**), und zwar so, wie er **wirklich** war/ist (er lebt!). Wir sollten uns davor **hüten**, ihn **so** darzustellen, wie wir uns dies **wünschen** oder wie es den Menschen **keinen** Anstoß gibt (**Galater 6,7** – Gott lässt sich nicht spotten). **Humanismus** ist der **Gottesfurcht** gewichen und ich glaube, dass sich das wieder unter den Gläubigen **ändern** muss, sonst werden viele **verlorengehen**.

Matthäus 10,27+28, darüber sprach Gott ziemlich am Anfang meiner Bekehrung zu mir:

„Was ich euch im Finstern sage, das redet im Licht, und was ihr ins Ohr hört, das verkündigt auf den Dächern! Und fürchtet euch nicht vor denen, die den Leib töten, die Seele aber nicht zu töten vermögen; fürchtet vielmehr den, der Seele und Leib verderben kann in der Hölle!"

Eine **gesunde** Gottesfurcht und Ehrfurcht vor Gott, **hütet** uns davor, **Menschen** mehr gefallen zu wollen als Gott. In den **Sprüche 29,25**:

„Menschenfurcht ist ein Fallstrick; wer aber auf den HERRN vertraut, der ist geborgen."

In **Kolosser 2,6-8** werden wir vor **Menschenlehren gewarnt**, und glaube mir, mit den Menschenlehren kenne ich mich aus meiner alten Arbeit aus und sehe, **wie viel** Menschenlehre in diversen Gemeinden ist. Letztens las ich in einer freien ev. Gemeinde, dass sie ein Seminar zur Stärkung des „Selbstbewusstseins" anbieten. In einer anderen (pfingstlich-charismatischen) Richtung ist „Positives Denken" stark ausgeprägt, indem es nicht (!) um Glauben geht, sondern um antichristliches trainierend er „Sprache" und angeblichem „Gebet". Das ist nicht (!) worum es im Glauben geht. Der Heilige Geist wohnt in uns und aus ihm heraus wird alles vollbracht. Wir haben alles durch den Tausch am Kreuz bekommen. **Kolosser 2,6-8**:

„Wie ihr nun den Herrn Christus Jesus angenommen habt, so wandelt nun auch in ihm: bleibt in ihm festgewurzelt und baut euch in ihm auf und werdet fest im Glauben, wie ihr unterwiesen worden seid, und laßt es an reichlicher Danksagung nicht fehlen. Gebt wohl acht, daß niemand euch einfängt durch die Philosophie und eitle Täuschung, die sich auf menschliche Überlieferung, auf die Elemente der Welt, gründet und mit Christus nichts zu tun hat."

Weiterhin lesen wir im Wort, dass **Satan** sich, für die Verwirrung, sogar als Engel des Lichts verkleidet (**2. Korinther 11,14**). Von einem Prediger hörte ich mal: Sie riechen **wie** Schafe, sie sehen aus **wie** Schafe, sie blöken **wie** Schafe, sie verhalten sich **wie** Schafe, sie **sind** aber keine Schafe, **2. Korinther 11,4 – Matthäus 7,15-23**.

Die Bibelstelle aus **Apostelgeschichte 5,29**, dass man Gott **mehr** muss als den Menschen, wurde für mich von vielen Christen aus dem Zusammenhang gebracht und in eigene, weltliche, Spekulationen eingebaut. In dieser Bibelstelle ging es **ursprünglich** um die **Verkündigung** des **Evangeliums** und die **Verkündigung** der **Wahrheit**. Sie wollten den Aposteln verbieten über Jesus zu sprechen. Man kann etwas **öffentlich** verbieten oder **indirekt** verbieten. Wenn in Gemeinden **indirekt** Wahrheit in Konjunktive **verpackt** wird, damit man **niemandem** auf die Füße tritt oder Götzendienste toleriert und sogar gefördert werden, dann ist das in meinen Augen ein **Problem** im Leib Christi. Christus wird nicht dargestellt, wie er ist. Wir stellen **nicht** Gott dar, wie er ist und wir **vertuschen** die Heilige Schrift. Wir gehorchen/dienen/bedienen **Menschen** vorrangig vor Gott. In **Offenbarung 22,18+19** heißt es:

„Fürwahr, ich bezeuge jedem, der die Worte der Weissagung dieses Buches hört: Wenn jemand etwas zu diesen Dingen hinzufügt, so wird Gott ihm die Plagen zufügen, von denen in diesem Buch geschrieben steht; und wenn jemand etwas wegnimmt von den Worten des Buches dieser Weissagung, so wird Gott wegnehmen seinen Teil vom Buch des Lebens und von der heiligen Stadt, und von den Dingen, die in diesem Buch geschrieben stehen."

Jetzt könnte mir jemand sagen, dass dies zur Offenbarung gehört und betrifft, doch das will ich korrigieren. In den Geboten heißt es, dass wir **kein** falsches Zeugnis geben sollen (entgegen unserem Nächsten – **2. Mose 2,16**). Heißt das, wir dürfen aber **über** Gott (der uns eigentlich am nächsten stehen sollte) ein

falsches Zeugnis abgeben? Etwas **verwässern**, **verdrehen**, **verheimlichen** oder dergleichen, damit es für **andere** bzw. für gläubige Christen **angenehmer** ist? Ich wäre da vorsichtig. Für mich ist das eine Form von Götzendienst, der in vielen Gemeinden absolut **toleriert** wird. **Humanismus und Psychologie** haben in vielen Teilen das Ruder übernommen. Bevor jemand nicht mehr kommt, keine Kollekte gibt, verärgert wird, spricht man **nicht** über die Bereiche, in denen man **uneins** ist. Sollten wir nicht **beten**, dass der Geist Gottes uns verändert und überführt, so dass wir **eines** Sinnes und **eines** Geistes reden, wie es die Bibel sagt? Gott zeigte mir einmal, dass ich auf diese Bereiche schauen soll. Das Thema, über das am meisten gestritten und diskutiert wird, könnte insofern interessant sein, dass dort eine **gewaltig große** Wahrheit verborgen liegt, die der Teufel zu vertuschen versucht. Mein Tipp: Selbst ins Gebet gehen und Gott um Weisheit und Erkenntnis bitten (**Jakobus 1,5**).

Egal, was man von mir sagen wird oder **wie** man mich für meine Worte verurteilt, ich werde das **nicht** (ein falsches Zeugnis über Gott ablegen) tun, nur weil jemand mit dem Wort Gottes an einer Stelle ein Problem hat. Ich werde nichts verschweigen oder beschönigen, dafür habe ich zu viel **Respekt und Ehrfurcht** vor Gott. Jeder von uns muss eines Tages Rechenschaft (vor Jesus) ablegen, auch über jedes unnütze Wort, das wir gesprochen haben (**Matthäus 12,36**).

Halten wir fest: Jesus **polarisierte**, wenn er **Klartext** und in **Behauptungen** und **Wahrheiten** sprach. Sie hießen: **ICH BIN** und **SO IST ES**! Durch sein Wort wurden Spreu und Weizen voneinander getrennt. Johannes sprach davon, dass er die Worfschaufel in der Hand hat (**Lukas 3,16+17**). Und wenn Jesus so war und wir seine Jünger sind, und wir **weitergeben** sollen, was er gesagt hat, dann **werden** auch unsere Worte wie eine Worfschaufel sein, die Spreu und Weizen voneinander trennen.

Schauen wir uns ein paar Aussagen an und was ich (ihr müsst das nicht übernehmen, doch ich empfehle euch, darüber zu beten und um **Weisheit und Erkenntnis** zu bitten) für **meinen** Glauben daraus gelernt habe. Welche „ich bin"-Sätze hat Jesus gesprochen?

Johannes 6,35:

„Jesus aber sprach zu ihnen: Ich bin das Brot des Lebens. Wer zu mir kommt, den wird nicht hungern, und wer an mich glaubt, den wird niemals dürsten."

Joannes 8,12:

„Nun redete Jesus wieder zu ihnen und sprach: Ich bin das Licht der Welt. Wer mir nachfolgt, wird nicht in der Finsternis wandeln, sondern er wird das Licht des Lebens haben."

Johannes 10,9:

„Ich bin die Tür. Wenn jemand durch mich hineingeht, wird er gerettet werden und wird ein- und ausgehen und Weide finden."

Johannes 10,11:

„Ich bin der gute Hirte; der gute Hirte lässt sein Leben für die Schafe."

Johannes 11,25+26:

„Jesus spricht zu ihr: Ich bin die Auferstehung und das Leben. Wer an mich glaubt, wird leben, auch wenn er stirbt; und jeder, der lebt und an mich glaubt, wird in Ewigkeit nicht sterben. Glaubst du das?"

Johannes 14,6:

„Jesus spricht zu ihm: Ich bin der Weg und die Wahrheit und das Leben; niemand kommt zum Vater als nur durch mich!"

Johannes 15,1-3:

„Ich bin der wahre Weinstock, und mein Vater ist der Weingärtner. Jede Rebe an mir, die keine Frucht bringt, nimmt er weg; jede aber, die Frucht bringt, reinigt er, damit sie mehr Frucht bringt. Ihr seid schon rein um des Wortes willen, das ich zu euch geredet habe."

Markus 15,2-5:

„Und Pilatus fragte ihn: Bist du der König der Juden? Er aber antwortete und sprach zu ihm: Du sagst es! Und die obersten Priester brachten viele Anklagen gegen ihn vor. Er aber antwortete ihnen nichts. Pilatus aber fragte ihn wieder und sprach: Antwortest du nichts? Sieh, wie viele Dinge sie gegen dich aussagen! Jesus aber antwortete nichts mehr, sodass sich Pilatus verwunderte."

Gerade die letzte Aussage zeigte mir, dass Jesus **nur einmal etwas zu sagen brauchte**! Und auf seine **radikale** Aussage hin, waren die Priester voller Anklage.

Dasselbe beobachte ich bei **religiösen** Geschwistern. Wenn ich **Wahrheiten** als **Tatsache** ausspreche, flippen sie fast aus. Diese Aussagen entspringen aber aus dem **Wort** (nicht von mir, das Wort ist Gott, **Johannes 1**) und sie probieren mir dann zu erklären, dass das **heute** nicht mehr so sei. Und selbst sprechen sie gewisse Bibelstellen **nicht** an, aus Stolz. Darüber spreche ich gleich noch, damit wir nicht den gleichen Fehler begehen!

Die Aussagen waren also **offensichtliche** Aussagen von Jesus, wo er die Formulierung **„ich bin…"** verwendete.

Als ich die Evangelien studierte, war ich von **Anfang** an davon überzeugt, dass **wie** Jesus ist, auch **ich** in dieser Welt bin. Sein Leben (und sein Verhalten) entsprach für mich der **Wahrheit**. Ich kann mich noch an ein Gespräch mit einer Glaubensschwester aus der freien ev. Gemeinde erinnern, als ich ihr sagte, dass ich das Gefühl habe, dass ich Jesus bin, **eins** mit ihm. Das war nach meiner Bekehrung so und es war für mich befremdlich und ich wollte das nicht aussprechen, da ja die Bibel vor falschen Christussen warnt. Ich bin **nicht** (!) Christus und das wollte ich auch nicht vermitteln! Aber ich **fühlte** mich wie **eins** mit ihm. Ich dachte er ist ich und ich bin er. Durch die radikale Bekehrung bekam ich den Geist Gottes und die Wahrheiten waren **alle** da. Ich war **eins** mit ihm. So wie er war, war ich. Erst rückblickend hatte ich das alles verstanden, denn Jesus spricht davon in **Johannes 14+15**.

Dann aber begann der Feind, über religiöse Geschwister (zum Teil von YouTube, zum Teil live) mich zu bearbeiten.

Ich machte z.B. ein Video und eine der Ältesten in der Gemeinde sagte zu mir: „Das darfst du **nicht** tun, da können sich **Dämonen** an dich hängen." Ich stutzte und antwortete: „Wieso sollen sich Dämonen an mich hängen? Ich habe den Heiligen Geist, haben sich an **Jesus** Dämonen gehängt? Nein, die haben vor ihm **gezittert**.". Das ist nur ein Beispiel, wie mich falsche Gedanken und Sinne, von **nicht** in der Wahrheit stehenden Gläubigen, probierten von **meinem** Glauben **abzubringen**. Sie taten das **nicht** bösartig, verstehe mich nicht falsch, aber sie hatten **selbst** die Wahrheit nicht und sie probierten **mich indirekt** von der Wahrheit, die im Einklang mit dem Wort Gottes war, **abzubringen**.

Einmal war eine Glaubensschwester zu Besuch und nach 4h (in denen ich ihr immer wieder Bibelstellen zeigte, die sie irgendwie überlas – manchmal frage ich mich, ob diese Bibelstellen nicht wirklich **unsichtbar** für nicht wiedergeborene Menschen sind) sagte sie zu mir: „Das war toll. Ich liebe solche Diskussionen im Glauben." Danach habe ich mich nicht mehr mit ihr getroffen. Ich will **nicht** über den Glauben diskutieren, ich möchte den Vater **in Geist und Wahrheit** anbeten. In **Johannes 4,23+24** sagt Jesus:

„Es kommt aber die Stunde, ja, sie ist jetzt schon da, in der die wahren Anbeter den Vater im Geist und in Wahrheit anbeten werden; denn auch der Vater will solche als seine Anbeter haben. Gott ist Geist, und die ihn anbeten, müssen ihn im Geist und in Wahrheit anbeten.«"

Damals ging ich sonntags immer nach Hause. Über ca. 4 Monate heulte ich jeden Sonntag und ging mit meinem Laster zum Vater. Ich wusste, dass ich an den Punkt kommen musste, dass es mir (im Fleisch) nichts mehr ausmachte. Es dauerte immer ein paar Tage, bis ich wieder in der **Wahrheit** und seiner **Kraft** war, bis zum nächsten Sonntag. Ich **wollte** nicht mehr in die Gemeinde aber der Heilige Geist erlaubte mir **nicht**, zuhause zu bleiben. Bis dann, eines Tages, er mir offenbarte, dass ich **nicht** mehr gehen müsse. Mein Auftrag war dort erledigt und ich glaube, sie haben die Wahrheit **verworfen**, die ich ihnen bringen wollte/sollte. Aber der Herr wird darüber richten, es ist **seine** Angelegenheit. Ich probiere einfach gehorsam zu sein. Ich hatte auf dem Herzen, einer der Ältesten insgesamt 5 Situationen zu nennen/schildern, in denen sie mich von meinem (lebendigen) Glauben in eine Verwirrung bringen wollten. Die Antwort darauf war: „Das kann ich so nicht bestätigen." Sie dachten noch nicht einmal über meine Aussagen nach! Für mich sind dort verwirrende Geister sichtbar und mir tun die Menschen leid, die einfach alles über sich ergehen lassen und ihre Hoffnung in **menschliche** Intelligenz und Titel, statt in unseren Heiland, unseren Vater und das lebendige Wort zu setzen. Letztlich muss jeder für sich zum Vater flehen, dann wird er Rettung schicken. Wer das **nicht** tut, sondern sich in seinen/den **Lügen** wohlfühlt und den Vater **nicht** wirklich von Herzen sucht (und sich nicht hingibt, vollkommen, und sich nicht verändern lassen will, **Römer 12,1+2**), stattdessen die **Götzen** liebt, über den muss der Vater am Ende entscheiden. Seine Anweisung an mich (vielleicht segnet dich das) war **Galater 6,1**:

„Liebe Brüder, wenn auch jemand sich von einem Fehltritt hat übereilen lassen, so bringt ihr Geistesmenschen den Betreffenden mit dem Geist der Sanftmut wieder zurecht, und gib dabei auf dich selbst acht, damit du nicht auch in Versuchung gerätst!"

In einer anderen Übersetzung heißt es, dass wir aufpassen sollen, dass wir dabei nicht selbst zu Fall kommen. Ich hatte also nach meiner Bekehrung genau die Bibelstelle aus **1. Johannes 4,17**:

„Darin ist die Liebe bei uns vollkommen geworden, dass wir Freimütigkeit haben am Tag des Gerichts, denn gleichwie Er ist, so sind auch wir in dieser Welt."

Jesus **ist** befreit und genauso **sind** wir befreit. Ich glaube sogar fast (zumindest kam ich nach viel Gebet und Bibelstudium zu dieser Offenbarung), dass wir uns **hüten** müssen, dass wir diese Wahrheit **nicht** gestohlen bekommen. Im Brief an die Gemeinde in Ephesus heißt es (**Offenbarung 2, 1-7**), dass sie ihre **erste** Liebe verlassen haben. Aus **eigener** Erfahrung kann ich sagen, dass wir da wirklich aufpassen müssen. **Religiöse** und **antichristliche** Geister probieren uns der **Wahrheit** zu **berauben** und uns die **Liebe und den Sieg** zu stehlen. Jesus **warnt** uns davor, dass dies passieren wird und wir sollten seine **Warnungen** ernst nehmen.

„Dem Engel der Gemeinde von Ephesus schreibe: Das sagt, der die sieben Sterne in seiner Rechten hält, der inmitten der sieben goldenen Leuchter wandelt: Ich kenne deine Werke und deine Bemühung und dein standhaftes Ausharren, und dass du die Bösen nicht ertragen kannst; und du hast die geprüft, die behaupten, sie seien Apostel und sind es nicht, und hast sie als Lügner erkannt; und du hast [Schweres] ertragen und hast standhaftes Ausharren, und um meines Namens willen hast du gearbeitet und bist nicht müde geworden. Aber ich habe gegen dich, dass du deine erste Liebe verlassen hast. Bedenke nun, wovon du gefallen bist, und tue Buße und tue die ersten Werke! Sonst komme ich rasch über dich und werde deinen Leuchter von seiner Stelle wegstoßen, wenn du nicht Buße tust! Aber dieses hast du, dass du die Werke der Nikolaiten hasst, die auch ich hasse. Wer ein Ohr hat, der höre, was der Geist den Gemeinden sagt! Wer überwindet, dem will ich zu essen geben von dem Baum des Lebens, der in der Mitte des Paradieses Gottes ist."

Sie hatten **grundsätzlich** die **richtige** Haltung gegenüber Sünde und den bösen Werken, aber sie haben die **Liebe** verloren, das muss für Jesus eine **viel schlimmere Sache** gewesen sein. Wir wollen darauf achten, dass wir unsere **erste Liebe** zu ihm **nicht** verlieren (uns nicht **stehlen** lassen!). Ich hörte einmal einen guten Satz: „Sie sind beim **Buchstaben** stehengeblieben und haben es nie in den Geist geschafft!"

Während als Jesus einige **offensichtliche** Dinge sagte, wer er ist, so zeigt er uns auch in seinem **Verhalten**, **was** er glaubt und **wer** er ist. Jesus sagt es und an seinem Verhalten konnten wir sehen, was er **innerlich** dachte und glaubte. Prüfe das **selbst**, anhand dem Wort und den **Evangelien**. Er dachte und glaubte nicht in **Konjunktiven**, wie z.B.:

- Ich glaube, die Dämonen **könnten** mir **gehorchen**, wenn ich es versuche.
- Ich glaube, dass Gott mich vor **Krankheit** bewahren **könnte**, wenn ich ihn darum bitte.
- Ich glaube, ich **könnte** jederzeit **versorgt** sein, wenn ich mich dem Vater gegenüber nur richtig verhalte.
- Ich glaube, ich **könnte** Tote zum Leben erwecken, wenn ich mich nur genügend **anstrenge**.

Nein! So (!) dachte, glaubte und handelte Jesus nicht! Vielmehr war seine Haltung **klar** und **eindringlich**:

- Dämonen **gehorchen** mir auf mein Wort hin (**Tatsache**!).
    - Z.B. ging mir die Bibelstelle aus **Lukas 10,17-24** ins Herz, als die Jünger sich darüber freuten, dass ihnen die Dämonen gehorchten. Jesus wies sie zurecht, dass sie sich nicht so sehr darüber freuen sollen, dass ihnen die Dämonen gehorchen, sondern dass ihre Namen im Buch des Lebens aufgeschrieben sind. Das zeigt uns auch seine (Gottes) **Prioritäten.** Wir wollen uns mehr über die **Errettung** freuen als über jegliches Wunder, welches wir mit Jesus erleben. Im Übrigen brauchen/bräuchten wir keine Wunder mehr, wenn wir zuverlässig im Segen wandeln würden...

  - Diese Bibelstelle machte mir deutlich, wie **klar und selbstverständlich** die Haltung von Jesus war. In **Matthäus 8,28+29** sprach Jesus noch nicht einmal etwas aus, da reagierten die Dämonen und baten ihn, sie nicht vor der Zeit zu **quälen**. Es war einfach eine Tatsache, dass sich vor Jesus/Gott alle Knie **beugen** müssen (**Philipper 2,1-11**).
- Ich **bin** gesund.
  - Was eine **absolute** Wahrheit ist, denn Jesus **ist** Gott (**Johannes 1**) und **nur** gute und vollkommene Gaben kommen von Gott (**Jakobus 1,17+18**). In dieser Bibelstelle heißt es z.B. auch, dass wir mit ihm **Erstlinge** dieser **neuen** Schöpfung sind. In Jesus konnte keine Krankheit sein. Ziehen wir aber **Hiob 3,25+26** heran, sehen wir, dass Hiob **negatives** von Gott in Betracht zog und genau **dies** über ihn kam. Allerdings war es **nicht** Gott, der ihm das antat, sondern der **Teufel**. Er kommt nämlich **nur**, um uns zu bestehlen (**Johannes 10,10**). Gott hat auch mit Beulen geschlagen. Hier handelt es sich allerdings um eine Form von Gericht gegenüber den Gottlosen. Das ist heute nicht unser Thema.
- Ich **bin** versorgt.
  - Ich glaube diese Wahrheit muss ich **nicht** mit vielen Bibelstellen anführen. Ich würde sagen, tu du das einmal und schreibe hier alle Bibelstellen auf, die du in den Evangelien nach und nach findest, wo du siehst, dass Jesus versorgt war.

    ____

    ____

    ____

    ____

Im Coaching habe ich früher zu den Leuten gesagt: „Du kannst dich in ein Auto setzen und sagen, dass du jetzt einmal probierst loszufahren. Das ist Quatsch. Entweder fährst du los oder du fährst nicht los. Spreche klar: „Ich probiere es" ist keine klare Aussage. Das Scheitern ins vorprogrammiert, weil man es schon in Betracht zieht. In Christus (und ich Gott) ist allerdings Sieg! Jesus hat am Kreuz das Böse besiegt. Der Sieg ist errungen. Wir können in dem Sieg, den Jesus errungen hat, wandeln. Alles wird denen, die Gott dienen, zum Besten beitragen, **Römer 8,28**.

In **Hebräer 11,1** lesen wir:

„Es ist aber der Glaube eine feste Zuversicht auf das, was man hofft, eine Überzeugung von Tatsachen, die man nicht sieht."

In **Hebräer 11,6**:

„Ohne Glauben aber ist es unmöglich, ihm wohlzugefallen; denn wer zu Gott kommt, muss glauben, dass er ist und dass er die belohnen wird, welche ihn suchen."

Dann kam ein **weiterer** Punkt hinzu, den ich aus meinem **früheren** Leben kannte, als wir **Tatsachen affirmiert** hatten. Ich habe 2018 allerdings (erst einmal) alle Lehre von mir gestoßen, als ich zum **Glauben** kam. Ich wollte mit all dem **nichts** zu tun haben (und auch heute will ich nichts damit zu tun haben!) und **bat** Gott, mich **vollkommen** zu **reduzieren** und mich **seine** Wahrheit zu **lehren**. Wie gesagt, ich kam zu dem Schluss, dass Jesus **in allem** eine **klare** und **bestimmte/bestimmende Haltung** hatte. Er war **fest**. Er ließ sich **nicht** beirren. Er ließ sich **nicht** umwerfen. Mit anderen Worten: Er **blieb** mit dem Vater verbunden, wie er es uns auch im Gleichnis vom Weinstock in **Johannes 15,1-11** rät:

„Ich bin der wahre Weinstock, und mein Vater ist der Weingärtner. Jede Rebe an mir, die keine Frucht bringt, nimmt er weg; jede aber, die Frucht bringt, reinigt er, damit sie mehr Frucht bringt. Ihr seid schon rein um des Wortes willen, das ich zu euch geredet habe. Bleibt in mir, und ich [bleibe] in euch! Gleichwie die Rebe nicht von sich selbst aus Frucht bringen kann, wenn sie nicht am Weinstock bleibt, so auch ihr nicht, wenn ihr nicht in mir bleibt. Ich bin der Weinstock, ihr seid die Reben. Wer in mir bleibt und ich in ihm, der bringt viel Frucht; denn getrennt von mir könnt ihr nichts tun. Wenn jemand nicht in mir bleibt, so wird er weggeworfen wie die Rebe und verdorrt; und solche sammelt man und wirft sie ins Feuer, und sie brennen. Wenn ihr in mir bleibt und meine Worte in euch bleiben, so werdet ihr bitten, was ihr wollt, und es wird euch zuteilwerden. Dadurch wird mein Vater verherrlicht, dass ihr viel Frucht bringt und meine Jünger werdet. Gleichwie mich der Vater liebt, so liebe ich euch; bleibt in meiner Liebe! Wenn ihr meine Gebote haltet, so bleibt ihr in meiner Liebe, gleichwie ich die Gebote meines Vaters gehalten habe und in seiner Liebe geblieben bin. Dies habe ich zu euch geredet, damit meine Freude in euch bleibe und eure Freude völlig werde."

Für mich machte das alles plötzlich **Sinn**. Die **wahren** Anbeter, beten den Vater **in Geist und Wahrheit** an (**Johannes 4,23+24**):

„Aber die Stunde kommt und ist schon da, wo die wahren Anbeter den Vater im Geist und in der Wahrheit anbeten werden; denn der Vater sucht solche Anbeter. Gott ist Geist, und die ihn anbeten, müssen ihn im Geist und in der Wahrheit anbeten."

Wie bete ich Gott in Wahrheit an? Wenn ich mir Jesus **anschaue** und **im Glauben übernehme**, **wie** Jesus ihn angebetet hat. Ich **bleibe** in seiner Wahrheit und spreche sie auch aus. Mein **Denken** ist von **seiner** Wahrheit bestimmt, **dadurch** bleibe ich am **Weinstock** dran und **bringe** gute Frucht. Das bedeutet auch, dass ich das **gleiche** glaube, was/wie **Jesus** geglaubt hat, nämlich z.B.:

- Dämonen **müssen** mir gehorchen!
- Ich **bin** gesund!
- Ich **bin** versorgt!
- Ich **bin** ein geliebtes Kind Gottes!

Das sollte meine/unsere **innere** Haltung sein und **keine** traurigen Konjunktive. Über Schmusebotschaften (unter dem Deckmantel von Liebe) lacht sich der Teufel kaputt. Klare Worte schneiden und bringen Gedankengerüste zum Einsturz (**Hebräer 4,12 – 2. Korinther 10,4**).

In dem Moment, in dem ich so denke, bete ich den Vater **automatisch** in der Wahrheit an. Das deckt sich auch mit den Bibelstellen, dass Gott genau das tun wird, z.B. in **Römer 8,17**:

„…nach dem Schriftwort (1.Mose 17,5): »Zum Vater vieler Völker habe ich dich gesetzt« – vor dem Gott, dem er geglaubt hat als dem, welcher die Toten lebendig macht und das noch nicht Vorhandene benennt, als wäre es schon vorhanden.“

Jesus sagte es uns in **Markus 11,24**:

„Darum sage ich euch: Bei allem, was ihr im Gebet erbittet – glaubt nur, daß ihr es (tatsächlich) empfangen habt, so wird es euch zuteil werden.“

Auch zeigte er es uns mit dem Gleichnis des **Feigenbaums**, welchen er **verfluchte,** dass dies im **selben Moment** geschehen, aber erst am **kommenden** Morgen **sichtbar** war (**Matthäus 21,19-27 – Markus 11,19-33 – Lukas 20,1-8**).

Das **bedeutet**: Wenn wir einen **Fluch** über etwas **Negatives** aussprechen, muss dies so passieren.

Ist das **biblisch**? Ja! Wir lesen in **Sprüche 18,21** davon. Hierzu möchte dir gerne verschiedene Bibelübersetzungen zeigen:

Menge-Bibel:

„Tod und Leben stehen in der Gewalt der Zunge, und wer sie viel gebraucht, wird das, was sie anrichtet, zu schmecken bekommen.“

LUT 2017:

„Tod und Leben stehen in der Zunge Gewalt; wer sie liebt, wird von ihrer Frucht essen.“

Schl.2000:

„Tod und Leben steht in der Gewalt der Zunge, und wer sie liebt, der wird ihre Frucht essen.“

Elb:

„Tod und Leben sind in der Gewalt der Zunge, und wer sie liebt, wird ihre Frucht essen.“

Außerdem hat mir der Vater noch **folgende** Bibelstellen gezeigt:

Lukas 6,45:

„Ein guter Mensch bringt aus der guten Schatzkammer seines Herzens das Gute hervor, während ein böser Mensch aus der bösen (Schatzkammer seines Herzens) das Böse hervorbringt; denn wovon das Herz voll ist, davon redet sein Mund.«“

Matthäus 12,34:

„Ihr Schlangenbrut! Wie solltet ihr imstande sein, Gutes zu reden, da ihr doch böse seid? Denn wovon das Herz voll ist, davon redet der Mund.“

Wovon unser/das **Herz** voll ist, **davon** redet der Mund. Wie ist dein Herz gefüllt? Beginnend vom Evangelium der Gnade oder der Werksgerechtigkeit Mose? Willst du dich **selbst** retten/rechtfertigen oder glaubst du **an den, der uns gerechtfertigt hat**? Früher sprach man in der Kirche noch verschiedene Glaubensbekenntnisse (über die man sich vielleicht inhaltlich streiten kann, aber man sprach zumindest noch welche aus). Heute gibt es viele leere, sanfte, Worthülsen. Menschen neigen dazu, sich vom rechten Weg ablenken zu lassen. Klare (eigene) Glaubensbekenntnisse helfen uns, die Orientierung und den Weg im Blick zu behalten. Sie waren „Erinnerung" an die Wahrheit, die ausgesprochen wurde. Eine Erinnerung, an „wen" man glaubt und wie sich der Glaube zeigt. Das Wort Gottes ist unseres Fußes Leuchte (**Psalm 119,105**).

Gott hat uns mit der **Neugeburt** ein **neues** Herz gegeben und **verändert** uns permanent. So sind wir immer mehr in der Lage, seinen (Gottes) guten, wohlgefälligen und vollkommenen Willen für uns erkennen (**Römer 12,1+2**) zu können. So lernen wir, Situationen zu be- oder auch zu verurteilen (z.B. **1. Korinther 5+6**). Das geht nur, wenn wir uns erneuern lassen, ansonsten beurteilen wir Situationen aus dem Fleisch heraus. Aber! In uns wohnt nun (wenn wir neu geboren wurden), die Gerechtigkeit Gottes und die ganze Fülle Gottes wahrhaftig (**Kolosser 2,9**).

Wenn ich **weiß**, was Gott für mich will, **spreche** ich es aus, als **wäre** es schon so. Z.B., dass ich gesund **bin** und **nicht** krank. Dass ich versorgt bin und nicht Mangel leide. Wir wollen uns nicht darauf konzentrieren, was **noch** (mit unseren 5 Sinnen) erfassbar ist, sondern **wie** wir im Geist schon (vollkommen) geworden sind. Für mich persönlich (das muss niemand übernehmen) bedeutet es, die Perfektion der Schöpfung Gottes (z.B. wie unser Gehirn arbeitet), zu **verwerfen/leugnen**, wenn ich **verleugne** oder **ablehne** (oder sogar sage es sei vom Teufel), welche Macht unser Denken und unsere Gedanken (auf unser Leben) haben. Gott hat diesen Körper geschaffen, er wird sich etwas dabei gedacht haben. Wir haben die Aufgabe, alle unsere Gedanken Christus zu unterstellen (**2. Korinther 10,5**).

Wir **sollen** uns auf das konzentrieren, was **ehrbar** und **wohlgefällig** ist, so lesen wir z.B. in **Philipper 4,4-8**:

„Freuet euch im Herrn allezeit! Noch einmal wiederhole ich's: »Freuet euch!« Laßt eure Sanftmut allen Menschen kund werden: der Herr ist nahe! Sorgt euch um nichts, sondern laßt in jeder Lage eure Anliegen durch Gebet und Flehen verbunden mit Danksagung vor Gott kund werden! Dann wird der Friede Gottes, der höher ist als aller Verstand, eure Herzen und euer ganzes Denken in Christus Jesus bewahren. Endlich, liebe Brüder: alles, was wahr ist, was ehrbar, was gerecht, was rein, was liebenswert, was unanstößig ist, sei es irgendeine Tugend oder etwas Lobenswertes, darauf seid bedacht!"

Dies bedeutet nicht, dämonischen und okkulten Lehren/Praktiken aus der Welt zu folgen, die „scheinbar" gut und positiv reden.

Krankheit macht Gott **keine** Ehre! Mangel macht Gott **keine** Ehre! Trauer, Sorge, Wut und andere negative Emotionen machen Gott **keine** Ehre! Okkulte Lehren im christlichen Kleid machen Gott **keine** Ehre!

Wenn du einmal negative Gefühle hast, solltest du dich nicht schlecht fühlen. Wichtig ist, dass du die Wahrheit kennst. Der Teufel wird dich anklagen und du könntest an den Punkt kommen, dass du dich

„mehr anstrengen" musst. Nein! Das Gegenteil ist der Fall. Wir müssen mehr „loslassen" und „Gott lassen". Wir müssen in dem Kreuz **stehenbleiben** und er muss fliehen (**Jakobus 4,7**).

Lasst uns auf das Gute, Wohlgefällige und Vollkomme unseren **Fokus** setzen. So wie es Jesus getan hat. Als erstes hat er seine **Beziehung** zum Vater gepflegt, **deshalb** war er **übervoll** und konnte **überfließend** dienen. So viele wollen dienen aber haben selbst noch **nicht** die Wahrheit erfasst. Jesus sagt in **Matthäus 14,12-21**. **Empfehlung:** Video „**Überfließend Dienen**" – Teil 20 der Reihe „Biblische Wahrheiten für die Jüngerschaft" – Rubrik „Seminarreihen". **Matthäus 14,12-21**:

„Hierauf traten die Jünger an ihn heran und sagten zu ihm: »Weißt du, daß die Pharisäer an dem Wort, das sie von dir haben hören müssen, Anstoß genommen haben?« Er aber antwortete: »Jede Pflanze, die nicht mein himmlischer Vater gepflanzt hat, wird mit der Wurzel ausgerissen werden. Laßt sie nur: sie sind blinde Blindenführer! Wenn aber ein Blinder einem anderen Blinden Wegführer ist, werden beide in die Grube fallen.« Da nahm Petrus das Wort und sagte zu ihm: »Erkläre uns das Gleichnis (von vorhin)!« Da antwortete er: »Seid auch ihr immer noch ohne Verständnis? Begreift ihr nicht, daß alles, was in den Mund hineingeht, in den Leib gelangt und auf dem natürlichen Wege wieder ausgeschieden wird? Was dagegen aus dem Munde herauskommt, geht aus dem Herzen hervor, und das ist es, was den Menschen verunreinigt. Denn aus dem Herzen kommen böse Gedanken hervor: Mordtaten, Ehebruch, Unzucht, Diebstahl, Verleumdungen und Lästerungen. Das sind die Dinge, die den Menschen verunreinigen; dagegen das Essen mit ungewaschenen Händen macht den Menschen nicht unrein.« Jesus ging dann von dort weg und zog sich in die Gegend von Tyrus und Sidon zurück."

Kümmere dich **zuerst** um den Balken in deinem **eigenen** Auge. Sieh zu, dass du **selbst** sehend wirst, **dann** kannst du anderen helfen, den Splitter aus ihrem Auge zu ziehen (**Matthäus 7,3**). Außerdem **fokussiere** dich **nicht** so sehr darauf, was **andere** alles falsch machen, es sei denn, der Herr hat dir die **Gnadengabe** der **Ermahnung** gegeben und zeigt dir in „Einzelfällen", wo du etwas korrigieren sollst. Dies macht er sicher nur dann, wenn du **selbst** mit diesen Themen in Gottes **Wahrheit** stehst und ein Leben mit dem Herrn führst, wo du **zuerst** nach deinen eigenen Balken schaust (**Römer 12,8**). Zu viele Menschen (und einige kommen auf mich zu und **ermahnen** mich), stehen selbst überhaupt **nicht** in der Wahrheit und leiten **andere** an, ihnen zu vertrauen, dass das, was sie sagen, richtig sei. Am besten sollen sie mir nicht zuhören. Für ihren eigenen Balken sind sie blind. Meistens waren es pharisäische Christen. Sie prüfen nicht, obwohl die Bibel es sagt. Bleibe bei dir! Nimm dir zu Herzen, was Jesus zu Petrus gesagt hat, in **Johannes 21,22**: „Was geht's dich an, folge du (!) mir nach!!

Mit der Gnadengabe der Ermahnung muss man **nicht** ständig Geschwister ermahnen. Vielmehr lebe ich mit den Geschwistern in meinem Umfeld gemäß **Römer 15,5-7**:

„Der Gott aber, von dem standhaftes Ausharren und Trost kommen, möge euch dazu verhelfen, einen einträchtigen Sinn untereinander nach der Weise Christi Jesu zu besitzen, damit ihr einmütig mit einem Munde den Gott und Vater unsers Herrn Jesus Christus preisen könnt. Darum nehmet euch gegenseitig (in Liebe) an, wie auch Christus euch zu Gottes Verherrlichung (in Liebe) angenommen hat!"

In Liebe können wir Geschwister **annehmen**, die **anders** sind als wir, was aber nicht auf die Wahrheit zutrifft. Hier sollen wir **einmütig** mit **einem** Mund reden. Oft wird das verdreht und dadurch kann Wahrheit gar nicht kommen, weil man sie aus **falscher** Rücksichtnahme nicht ausspricht (statt z.B. darüber zu beten!). Meinungen kommen aus unserem **Fleisch**. Theologische Abhandlungen aus dem **Verstand**. Gott lässt sich nicht mit dem Verstand begreifen. Er beschenkt diejenigen, die ihn von Herzen suchen und gibt ihnen über seinen Geist Weisheit, Erkenntnis, Wahrheit, Offenbarung und Einsicht. Wir sollten **vollkommen** hingegeben sein und Gott **erlauben**, uns **alles** zu nehmen (auch im Denken), was nicht im Einklang mit **ihm** und **seinem** Willen ist. Glaube mir, er **wird** dich verändern, **ohne** dass du es merkst oder etwas dazutun musst. Er macht es **selbst**, so steht es auch geschrieben (z.B. **Römer 12,1+2**). Wir **lassen** uns verwandeln, nicht: Wir machen es selbst!

In **Liebe** können wir Geschwister auf Wahrheiten hinweisen, wo vorherrschende Lüge sie von Gott trennen. **Beides** ist Liebe und Jesus **hat** ermahnt. Wer dies außen vor lässt, **verfälscht** Gottes Wort und gibt ihr einen anderen Sinn, welcher oft aus dem **Humanismus** kommt. Viele wollen christlicher/menschlicher sein, als Jesus es war. Über harte Aussagen, wie z.B. in **Lukas 9,41 oder Matthäus 7,17**, wird **nicht** gesprochen. Ich persönlich habe mir solche Aussagen zu Herzen genommen.

In normalen Dingen kann ich Menschen lieben, wie Christus die Gemeinde geliebt hat. Mir z.B. ist es egal, ob mir jemand guten Tag sagt, mich zum Geburtstag einlädt, mich übersieht, nicht Danke sagt usw. Oder andersherum beeindruckt es mich nicht, wenn jemand mir jeden Tag schreibt, dass er für mich betet, mir alles Gute wünscht usw. Das ist für mich **nicht** wichtig. Ich nehme den Menschen an, wie Christus ihn angenommen hat, in seiner **menschlichen** Schwachheit. In der Bibel steht nicht, dass wir „guten Tag" sagen oder andere zum „Geburtstag" einladen sollen. Viele Geschwister legen diese Stelle gemäß ihrem Götzendienst aus. Wir sollen **eines Sinnes sein, der Gottes Sinn** entspricht, einmütig reden (was der **Wahrheit**) entspricht. Leider haben viele **menschliche** Dinge **Vorrang** gegenüber Gottes Wort bekommen. Das ist **Götzendienst**. Das müssen wir erfassen und ehrlich damit zu Gott gehen, damit wir davon **befreit** werden können.

Fangt an, **ich-bin-Wahrheiten** in eure Gedanken zu bringen und sie auch auszusprechen. Pharisäische Christen werden es hassen und euch dafür verurteilen. Aber sie lehnen letztlich **nicht** euch ab, sondern Gott selbst, der uns **diese** Identität und Wahrheit, in Christus, gegeben hat. Ich konnte z.B. auch beobachten, dass viele Christen (wie in der Welt) diese oberflächliche Freundlichkeit leben, aber wenn der Name Jesus, Bibelstellen usw. ins Spiel kommen, dann mögen sie das nicht. Das sind für mich Zeichen von antichristlichen Geistern. Das „Gute" wird von „Christus", der „in mir" lebt, getrennt.

An einem Bibelstudientag haben wir, jeder für sich, ein **Glaubensbekenntnis** geschrieben. Jeder ließ sich vom Heiligen Geist **durchforschen** und **prüfen** und schrieb auf, was er an Wahrheit glaubt oder vielleicht noch nicht glaubt. Diese Sätze haben wir notiert und so kann/konnte das **Wort** ein **Richter** unserer **Gedanken** sein. So konnten wir unsere **falschen** Gedanken Christus (und der Wahrheit Gottes) **unterstellen**. Hör dir Audio dazu gerne **kostenlos** in unserem Mitglieder- und Partnerbereich (Rubrik Live-Streams 2021) an. Du findest alles (auch wenn du mich und/oder den Dienst finanziell unterstützen möchtest, auf www.claudiahofmann- ministries.com.

Praktische Umsetzung – Vom Glauben zum Bekennen

In diesem Heft kannst du **herausfinden**, was du glaubst und es geht darum, deinen Glauben auch zu **bekennen** bzw. dich von Gottes Wort verändern zu lassen. Du wirst viele biblische Wahrheiten kennenlernen und kannst herausfinden, ob du sie dankbar annimmst oder gegen sie rebellierst.

Wenn wir vor Gott etwas **bekennen**, zeigen wir ihm damit, dass wir es **ernst** mit etwas meinen. Es gibt viele Beispiele in der Bibel, wo es um das **Bekennen** von Jesus, dem Wort und den Glauben geht. Auch die Taufe ist ein **Bekenntnis/Zeugnis**, dass man sein **altes** Leben mit Christus **begräbt/begraben hat**. Ein Ausdruck dessen, was man glaubt.

In der einen Nacht, in der ich die große, gewaltige, Kraft Gottes in meinem Schlafzimmer hatte, **bekannte** ich **laut**, dass ich nur ihm, Jesus, dienen wollte. Ich bekannte ihn als meinen Herrn, mit **allen** Konsequenzen.

Wenn wir unseren Glauben **aussprechen**, dann **bekennen** wir zu was wir stehen, auch, wenn wir es vielleicht noch nicht (ganz) glauben können/wollen und/oder zweifeln. Der Glaube kommt aus der Verkündigung und die Verkündigung aus dem Wort (**Römer 10,17**). Lies das Wort dazu immer wieder durch. Gott wird dich hören. Wenn du betest, dass er dir bei denen Zweifeln hilft, wird er dich verändern.

Du kannst die Sätze als Tatsache aussprechen, z.B. „Ich glaube, dass Jesus lebt". Wenn du dich an Beiträge aus dem Jahr 2023 erinnerst, da habe ich immer wieder von „I KNOW..." gesprochen. „ICH WEISS...", dass Jesus lebt! Beides ist richtig. In dem Heft „Mutmacher aus den Psalmen" (sehr gut als Ergänzung zu diesem Heft) habe ich hierzu ein ganzes Kapitel angefügt. Du kannst dir alle PDF auch kostenfrei auf der Homepage herunterladen.

Wenn dich jemand fragt, kannst du sagen: **Jesus lebt!**

Viele Christen haben Menschenfurcht. Sie wollen keine „klaren" Aussagen treffen, für die man sie evtl. ablehnt! Ein gefundenes Fressen für den Teufel, der dadurch seine Herrschaft behält!

Du wirst merken, wie es noch einmal einen Unterschied macht, etwas vage auszusprechen oder in Klarheit, dem Wort Gottes gemäß. Wenn wir etwas nicht glauben, werden wir es **schwer** haben, es als **Tatsache** auszusprechen, es sei denn, man ist im Lügen (in der Lüge) gut. Ich kann sagen, dass ich einen Hut aufhabe, obwohl es nicht stimmt. Der Teufel ist der Vater der Lüge (Bibelstelle). Ich habe Namenschristen erlebt, die vieles aussprechen konnten, aber tatsächlich keinen entsprechenden Glauben hatten. Gott nennt sie Heuchler.

In **1. Petrus 3,19-22 – Schl.2000** liest du über die Taufe:

„Denn auch Christus hat einmal für Sünden gelitten, der Gerechte für die Ungerechten, damit er uns zu Gott führte; und er wurde getötet nach dem Fleisch, aber lebendig gemacht durch den Geist, in welchem er auch hinging und den Geistern im Gefängnis verkündigte, die vor Zeiten sich weigerten zu glauben, als Gottes Langmut einstmals zuwartete in den Tagen Noahs, während die Arche zugerichtet wurde, in der wenige, nämlich acht Seelen, hindurchgerettet wurden durch das Wasser, welches jetzt auch uns in einem bildlichen Sinn rettet in der Taufe, die nicht ein Abtun der Unreinheit des Fleisches ist, sondern das Zeugnis eines guten Gewissens vor Gott durch die Auferstehung Jesu Christi. Dieser ist seit seiner Himmelfahrt zur Rechten Gottes; und Engel und Gewalten und Mächte sind ihm unterworfen."

Josua 24,22-24 – Menge-Bibel:

„Da sagte Josua zum Volk: »Ihr seid Zeugen gegen euch selbst, daß ihr euch den HERRN erwählt habt, ihm zu dienen.« Sie antworteten: »Ja, wir sind Zeugen!« »So schafft nun die fremden Götter weg, die noch unter euch sind, und neigt euer Herz dem HERRN, dem Gott Israels, zu!« Da erklärte das Volk dem Josua: »Dem HERRN, unserm Gott, wollen wir dienen und seinen Weisungen gehorchen!«"

Zuerst „glauben" wir, **dann** „bekennen" wir. Wenn wir etwas bekennen und nicht glauben, dann ist es nicht echt (authentisch). Es ist heuchlerisch. Es kann keine Kraft in unserem Leben entfalten.

In **1. Johannes 4,15** heißt es:

„Wer nun bekennt, daß Jesus der Sohn Gottes ist, in dem wohnt Gott dauernd, und er wohnt dauernd in Gott."

In diesem Heft geht es um den/deinen/meinen Glauben. Wir wollen authentisch glauben und bekennen. Damit der Glaube kommen kann, muss man zuerst die Wahrheiten hören/lesen/erkennen, die frei machen. Dazu lesen wir **Johannes 8,31+32** und **Römer 10,17**:

„Nun sagte Jesus zu den Juden, die an ihn gläubig geworden waren: »Wenn ihr in meinem Wort bleibt, so seid ihr in Wahrheit meine Jünger und werdet die Wahrheit erkennen, und die Wahrheit wird euch frei machen.«"

„Mithin kommt der Glaube aus der Botschaft, die Predigt aber (erfolgt) durch Christi Wort."

Hebräer 10,23:

„Laßt uns am Bekenntnis der Hoffnung unerschütterlich festhalten; denn treu ist der, welcher die Verheißung gegeben hat."

Philipper 2,9-11:

„Daher hat Gott ihn auch über die Maßen erhöht und ihm den Namen verliehen, der jedem anderen Namen überlegen ist, 10 damit im Namen Jesu sich jedes Knie aller derer beuge, die im Himmel und auf der Erde und unter der Erde sind, und jede Zunge bekenne, daß Jesus Christus der Herr ist, zur Ehre Gottes, des Vaters."

In **Römer 10,9+10** zeigt Paulus, dass ein **innerlicher** Glaube allein nicht ausreicht. Man wird gerecht aber die Errettung kommt damit, dass man auch bekennt, d.h. nach außen sichtbar zeigt, dass man sich zu Jesus bekehrt und auf **seine** Seite gestellt hat. Aus **Menschenfurcht** tun dies manche nicht oder sie bekennen sich zu einem Gott und/oder Jesus, der **nicht** der biblischen Wahrheit entspricht. Ein bisschen auf die Art, dass die Menschen denken: Mensch, wer zu Jesus gehört, ist ja gar nicht so anders als die Menschen in der Welt...

Ich halte dies für **gefährlich**. Meines Erachtens wird ein **falsches** Bild abgegeben und damit ein **falsches** Zeugnis gegeben, das den Sinn und Zweck hat, Gott **anders** darzustellen, als er **ist** (um Menschen zu gefallen). Ich weiß nicht, ob Gott das mit sich machen lässt, das muss aber er entscheiden. Ich habe die Aufgabe, das Evangelium zu **verkünden** und zur Verfügung zu stellen. Allerdings wissen wir, was Jesus (und damit Gott) uns zu sagen hat, **Markus 8,38**:

„Denn wer sich meiner und meiner Worte unter diesem ehebrecherischen und sündigen Geschlecht schämt, dessen wird sich auch der Menschensohn schämen, wenn er in der Herrlichkeit seines Vaters mit den heiligen Engeln kommt.«“

Römer 10,10:

„Denn mit dem Herzen glaubt man (an ihn) zur Gerechtigkeit, und mit dem Munde bekennt man (ihn) zur Errettung.“

In **1. Timotheus 6,12** schreibt Paulus an Timotheus:

„Kämpfe den guten Kampf des Glaubens, ergreife das ewige Leben, zu dem du berufen bist und für das du das herrliche Bekenntnis vor vielen Zeugen abgelegt hast.“

Paulus warnt uns in **1. Korinther 5,** dort ging es um sittliche Missstände in der Gemeinde, dass wir „innerhalb“ des Leibes Christi für Ordnung sorgen sollen. Tatsächlich schauen viele Christen nach „draußen“ in die Welt und finden das alles so schlimm. Innerhalb der Gemeinschaft wird jedoch bedenkenlos Götzendienst und andere Dinge toleriert. Paulus hatte hierfür harte Worte:

„Allgemein hört man von Unzucht bei euch, und noch dazu von einer solchen Unzucht, wie sie selbst bei den Heiden unerhört ist, daß nämlich einer die Frau seines Vaters zum Weibe genommen hat! Und da wollt ihr euch noch in die Brust werfen und habt nicht vielmehr Leid getragen, damit der Schuldige aus eurer Mitte entfernt werde? Nun – ich, der ich leiblich zwar abwesend, aber mit meinem Geiste bei euch anwesend bin, habe über diesen Menschen, der sich so schwer vergangen hat, bereits Gericht gehalten, als ob ich persönlich bei euch wäre. Wir wollen uns nämlich im Namen des Herrn Jesus versammeln, ihr und mein Geist im Verein mit der Kraft unsers Herrn Jesus, und wollen den betreffenden Menschen dem Satan zur Vernichtung des Fleisches übergeben, damit der Geist am Tage des Herrn Jesus gerettet werde. 6 Euer Ruhm ist nicht schön! Wißt ihr nicht, daß schon ein wenig Sauerteig den ganzen Teig durchsäuert? Schafft den alten Sauerteig weg, damit ihr (durchweg) ein neuer Teig seid; ihr seid ja doch (als Christen) frei von allem Sauerteig; denn es ist ja auch unser Passahlamm geschlachtet worden: Christus. Darum laßt uns Festfeier halten nicht im alten Sauerteig, auch nicht im Sauerteig der Schlechtigkeit und Bosheit, sondern im Süßteig der Lauterkeit und Wahrheit. 9 Ich habe euch in meinem (vorigen) Briefe geschrieben, ihr möchtet keinen Verkehr mit unzüchtigen Leuten haben; (das heißt) nicht überhaupt mit den Unzüchtigen dieser Welt oder mit den Betrügern und Räubern oder Götzendienern; sonst müßtet ihr ja aus der Welt auswandern. Jetzt aber schreibe ich euch (unmißverständlich) so: Ihr dürft keinen Verkehr mit jemand haben, der den (christlichen) Brudernamen führt und dabei ein unzüchtiger Mensch oder ein Betrüger, ein Götzendiener, ein Verleumder, ein Trunkenbold oder ein Räuber ist; mit einem solchen Menschen dürft ihr nicht einmal Tischgemeinschaft haben. Denn was habe ich mit dem Richten von Leuten außerhalb der Gemeinde zu tun? Habt nicht auch ihr (nur) die zu eurer Gemeinde Gehörigen zu richten? Die draußen Stehenden wird Gott richten. Schafft den bösen Menschen aus eurer Mitte weg!“

Glaubensbekenntnisse zum Evangelium

In diesem Teil gehe ich auf die **wichtigsten** Bibelstellen (und **Haltungen)** gegenüber Gott, in Bezug auf das Evangelium der **Gnade**, ein. Sie können dir helfen, in eine **gute** Nachfolge zu kommen. Viele predigen zwar Jesus als den **Retter**, weisen aber **nicht** auf die **wahrhaftige** Buße und Umkehr hin.

Es wird ein Christus vermittelt, der in **unser** Leben kommt, der aber bitte nicht das verändert, was uns (in der Welt) lieb ist (auch wenn es falsch ist). Wir können weiter an unserem **persönlichen ICH** festhalten, und Jesus ist eine gute **Ergänzung** zu uns selbst. Das ist **gefährlich**, denn die Menschen damals, die unter ihrer fleischlichen Natur und der Sünde (und dem Einfluss des Teufels in ihrem Leben) **litten**, kamen zu Jesus, um **davon** ***befreit*** zu werden. Lesen wir zu Beginn die **Seligpreisungen**. Dazu habe ich die Menge-Bibel gewählt, da sie gemeinfrei ist und ich sie uneingeschränkt abdrucken darf. Lese selbst die Verse in **verschiedenen** Bibelübersetzungen nach und lasse dich vom Heiligen Geist **lehren**. In **Matthäus 5,1-16** steht:

„Als Jesus nun die Volksscharen sah, ging er ins Gebirge hinauf, und nachdem er sich dort gesetzt hatte, traten seine Jünger zu ihm. Da tat er seinen Mund auf und lehrte sie mit den Worten: »Selig sind die geistlich Armen, denn ihnen wird das Himmelreich zuteil! Selig sind die Bekümmerten, denn sie werden getröstet werden! – Selig sind die Sanftmütigen, denn sie werden das Land ererben! Selig sind, die nach der Gerechtigkeit hungern und dürsten, denn sie werden gesättigt werden! – Selig sind die Barmherzigen, denn sie werden Barmherzigkeit erlangen! Selig sind, die reinen Herzens sind, denn sie werden Gott schauen! Selig sind die Friedfertigen, denn sie werden Söhne Gottes heißen! – Selig sind, die um der Gerechtigkeit willen Verfolgung erleiden, denn ihnen wird das Himmelreich zuteil! Selig seid ihr, wenn man euch um meinetwillen schmäht und verfolgt und euch lügnerisch alles Böse nachredet! Freuet euch darüber und jubelt, denn euer Lohn ist groß im Himmel! Ebenso hat man ja auch die Propheten vor euch verfolgt.« »Ihr seid das Salz der Erde! Wenn aber das Salz fade geworden ist, womit soll es wieder gesalzen werden? Es taugt zu nichts mehr, als aus dem Hause geworfen und von den Leuten zertreten zu werden (Mk 9,50; Lk 14,34-35). – Ihr seid das Licht der Welt! Eine Stadt, die oben auf einem Berge liegt, kann nicht verborgen bleiben. Man zündet auch nicht ein Licht an und stellt es unter den Scheffel, sondern auf den Leuchter: dann leuchtet es allen, die im Hause sind (Mk 4,21; Lk 8,16; 11,33). Ebenso soll auch euer Licht vor den Menschen leuchten, damit sie eure guten Werke sehen und euren Vater, der im Himmel ist, preisen.«"

Anbei **meine** Aufzeichnungen als **Glaubensbekenntnis**. Es sind **biblische** Wahrheiten, die ich mir immer wieder bewusst mache. Ich stelle Gott uns **seine** Wahrheit **über** mich selbst und will **alle** meine Gedanken Christus unterstellen. Das Wort ist ein **Richter** meiner Gedanken und **überführt** mich. Wenn ich das falsche glaube, hat das **Auswirkung** auf mein Leben. Ich möchte in **dieser** Weltzeit, bevor ich in die vollkommene Herrlichkeit gehe, möglichst **viel** vom Himmel hier auf die Erde geholt haben. Ich möchte, dass Menschen auch das Salz und Licht der Erde sind und unseren Vater im Himmel **hier** würdig vertreten und ein Vorbild sind.

Zuerst habe ich die Wahrheit notiert, dann eine Bibelstelle und dann weitere/ergänzende Bibelstellen.
Viel Freude beim Studieren des Wortes, in der Gemeinschaft mit dem Vater.

*****

Ich glaube, dass das Wort Gottes von Gott eingegeben ist und Wirkung auf mein Leben hat. Ich glaube, dass das Wort wie ein Richter über meine Gedanken ist. Ich glaube, dass das Wort, das Gott ist, meine Gedanken und Sinne verändert, so dass ich den guten, wohlgefälligen und vollkommenen Willen Gottes erkennen kann. Ich glaube, dass der Heilige Geist mich inwendig erneuert und ich dadurch immer mehr in Gottes Wort denke, glaube, lebe und handele. Ich glaube, dass ich meine Gedanken Christus unterstellen kann und er jegliche Gedankenfestungen zerstört."

Hebräer 4,12+13:

„Denn lebendig ist das Wort Gottes und wirkungskräftig und schärfer als jedes zweischneidige Schwert: es dringt hindurch, bis es Seele und Geist, Gelenke und Mark scheidet, und ist ein Richter über die Regungen und Gedanken des Herzens; und es gibt nichts Geschaffenes, das sich vor ihm verbergen könnte, nein, alles liegt entblößt und aufgedeckt vor den Augen dessen, dem wir Rechenschaft abzulegen haben."

Weitere Bibelstellen dazu:

2. Timotheus 3,16+17 – Römer 12,1+2 – Johannes 1 – 2. Korinther 10,5 – Epheser 3,16+17 – 2. Korinther 3,17 – Epheser 6,12 – Galater 3,5 – 1. Korinther 2,10 – Galater 6,8 – Johannes 16,7 – 1. Petrus 1,13 – Römer 8,27 – Lukas 4,18 – Sprüche 1,23 – Hebräer 9,14 – Philipper 2,10

*****

Ich glaube an Gott. Ich glaube an den einen Gott und dieser der Allmächtige ist. Ich glaube, dass der Gott der Bibel der einzige, alleinige und allmächtige Gott ist. Ich glaube, dass Gott die Welt, mit seinem Wort, geschaffen hat.

Römer 1,19-21:

„Denn was man von Gott erkennen kann, das ist in ihnen wohlbekannt; Gott selbst hat es ihnen ja kundgetan. Sein unsichtbares Wesen läßt sich ja doch seit Erschaffung der Welt an seinen Werken mit dem geistigen Auge deutlich ersehen, nämlich seine ewige Macht und göttliche Größe. Daher gibt es keine Entschuldigung für sie, weil sie Gott zwar kannten, ihm aber doch nicht als Gott Verehrung und Dank dargebracht haben, sondern in ihren Gedanken auf nichtige Dinge verfallen sind und ihr unverständiges Herz in Verfinsterung haben geraten lassen."

Judas 1,25:

„...ihm, dem alleinigen Gott, der durch unsern Herrn Jesus Christus unser Retter ist – ihm gebührt Herrlichkeit und Erhabenheit, Macht und Gewalt (wie) vor aller Weltzeit, (so) auch jetzt und in alle Ewigkeit! Amen."

Weitere Bibelstellen dazu:

Johannes 1,1 – 1. Mose 1 – Hebräer 11,1-3 – Hebräer 11 ganzes Kapitel – Römer 4,17-22 – Matthäus 4,4 – Offenbarung 1,8 – 1. Mose 17,1 – 1. Chronik 29,11+12 – Hiob 26,12 – Nahum 1,3 – Römer 16,27 – Hiob 42,2 – Psalm 115,3 – Jesaja 43,13 – Matthäus 19,26 – Markus 14,36 – Lukas 1,37 – Offenbarung 19,6 – Jeremia 32,27 – Psalm 145,3 – Römer 8,38+39 – Epheser 6,10 – 1. Johannes 4,4 – Daniel 2,22 – 1. Samuel 2,7 – Psalm 24,10 – Psalm 18,31 – Psalm 119,130 – Psalm 33,4 – 1. Petrus 2,2 – Sprüche 30,5 – Sprüche 4,20+21 – Psalm 119,160 – Psalm 33,6

*****

Ich glaube, dass Gott mich nach seinem Ebenbild geschaffen hat, ich aber durch die Erbsünde (und meinem eigenen freien Willen) verloren war. Ich glaube, dass in meinem alten Menschen, dem alten Adam, nichts Gutes wohnt/wohnte und ich aufgrund dessen vor Gott meine Herrlichkeit verloren hatte. Ich stand unter dem Fluch und konnte keine Gemeinschaft (mehr) mit ihm haben. Mir ist bewusst, dass ich in der Hölle gelandet wäre. Ich war verloren, denn der Lohn der Sünde ist der Tod, die ewige Trennung von Gott. Ich glaube, dass ich in dieser Trennung gelebt habe. Jesus trug die Trennung von seinem Vater am Kreuz. Gott hat ihn um unseretwillen verlassen. Jesus ging in die Hölle. Es war eigentlich mein Gang! Ich glaube, dass jeder Mensch zuerst diese Verlorenheit erkennen muss, um die Rettung herbeizusehnen und bekehrt zu werden. Ich glaube, nur wer sich wirklich verloren sieht und fühlt, muss gerettet werden und ruft nach dem Retter.

Römer 3,21-26:

„Jetzt aber ist, unabhängig vom Gesetz, jedoch bezeugt von dem Gesetz und den Propheten, die Gottesgerechtigkeit geoffenbart worden, nämlich die Gottesgerechtigkeit, die durch den Glauben an Jesus Christus für alle da ist und allen zukommt, die da glauben. Denn hier gibt es keinen Unterschied; alle haben ja gesündigt und ermangeln des Ruhmes, den Gott verleiht; so werden sie umsonst durch seine Gnade gerechtfertigt vermöge der Erlösung, die in Christus Jesus (erfolgt) ist. Ihn hat Gott in seinem Blute als ein durch den Glauben wirksames Sühnemittel hingestellt, damit er seine Gerechtigkeit erweise, weil die Sünden, die früher während der Zeiten der Langmut Gottes begangen worden waren, bisher ungestraft geblieben waren; er wollte also seine Gerechtigkeit in der gegenwärtigen Zeit erweisen, damit er selbst als gerecht dastehe und (zugleich) jeden, der den Glauben an Jesus besitzt, für gerecht erkläre."

Matthäus 27,26:

„Um die neunte Stunde aber rief Jesus mit lauter Stimme aus: »Eli, Eli, lema sabachthani?«, das heißt: »Mein Gott, mein Gott, warum hast du mich verlassen?« (Ps 22,2).

Weitere Bibelstellen dazu:

Habakuk 1,13 – 1. Mose 1,7 – 1. Mose 1,27 – 1. Mose 3 – Galater 3,13 – Johannes 14,6 – Kolosser 1,21-23 – Römer 2,12-16 – Römer 7,18 – Psalm 22,2 – Markus 15,33+34 – Römer 6,23 – Hebräer 2,9 – Psalm 139,13+14 – Hebräer 3,4 – Jeremia 32,17 – Epheser 2,10 – Jesaja 40,28 – Psalm 33,6

*****

Ich glaube an die unsichtbare Welt. Ich glaube an die Engel, welche dienstbare Geister sind und uns Gläubigen vom Vater geschickt werden (nicht ich rufe sie an!). Ich glaube, dass ein Teil der Engel mit dem Satan aus dem Himmel hinausgestoßen wurde. Ich glaube, dass Jesus über den Engeln steht, weil er der Sohn Gottes ist, der Gott ist. Ich glaube, dass Jesus Gott ist. Ich glaube, dass der Teufel existiert und ebenfalls in der unsichtbaren Welt vertreten ist. Ich glaube, dass er über seine Dämonen Einfluss auf die Menschen hat, die noch nicht aus seiner Hand befreit (bekehrt) wurden. Ich glaube, wenn ich aus Gottes Geist neu geboren bin, dass der Heilige Geist auf mich gekommen ist, als Anzahlung auf das ewige Leben. Ich glaube, dass dieser Geist, der nun in mir wohnt, größer ist als der, der in der Welt ist. Ich glaube, dass der Teufel mir nichts anhaben kann, es sei denn, ich erlaube es ihm oder lasse mich auf seine Spielchen ein. Ich glaube, dass Jesus am Kreuz den Sieg errungen hat und damit das Böse besiegt hat. Ich glaube, dass ich durch die Bekehrung ein Kind Gottes geworden bin und nun auf der richtigen Seite stehe. Ich glaube, dass die unsichtbare Welt für mich kämpft. Ich glaube, dass, wenn ich dem Teufel widerstehe (weil ich durch meine Lebensübergabe an Jesus mich Gott untergeordnet habe) er vor mir fliehen muss. Ich glaube, dass er die Kinder Gottes nicht ohne Folge antasten darf!

Epheser 6,10-13:

„Zuletzt: werdet stark im Herrn und in der gewaltigen, ihm innewohnenden Kraft. Ziehet die volle Waffenrüstung Gottes an, damit ihr gegen die listigen Anläufe des Teufels zu bestehen vermögt! Denn wir haben nicht mit Wesen von Fleisch und Blut zu kämpfen, sondern mit den (überirdischen) Mächten, mit den (teuflischen) Gewalten, mit den Beherrschern dieser Welt der Finsternis, mit den bösen Geisterwesen in der Himmelswelt. Darum nehmt die volle Waffenrüstung Gottes zur Hand, damit ihr imstande seid, am bösen Tage Widerstand zu leisten, alles gut auszurichten und das Feld zu behaupten!“

Matthäus 12,28:

„Wenn ich aber die bösen Geister durch den Geist Gottes austreibe, so ist ja das Reich Gottes zu euch gekommen.“

Lukas 11,14:

„Er trieb dann einen bösen Geist aus, der stumm war; und als der böse Geist ausgefahren war, konnte der Stumme reden. Da geriet die Volksmenge in Erstaunen.“

Kolosser 1,14-20:

„In diesem haben wir die Erlösung, nämlich die Vergebung der Sünden; er ist ja das Ebenbild des unsichtbaren Gottes, der Erstgeborene aller Schöpfung; denn in ihm ist alles geschaffen worden, was im Himmel und auf der Erde ist, das Sichtbare wie das Unsichtbare, mögen es Throne oder Herrschaften, Mächte oder Gewalten sein: alles ist durch ihn und für ihn geschaffen worden, und er ist vor allem, und alles hat in ihm seinen Bestand. Ferner ist er das Haupt des Leibes, nämlich der Gemeinde: er ist der Anfang, der Erstgeborene aus den Toten, er, der in allen Beziehungen den Vorrang haben sollte. Denn es war (Gottes) Ratschluß, in ihm die ganze Fülle wohnen zu lassen und durch ihn alles mit sich zu versöhnen – nachdem er durch sein am Kreuz vergossenes Blut Frieden gestiftet hat –, durch ihn (zu versöhnen) sowohl das, was auf der Erde, als auch das, was in den Himmeln ist."

Lukas 4,16-19:

„So kam er denn auch nach Nazareth, wo er aufgewachsen war, ging dort nach seiner Gewohnheit am nächsten Sabbattage in die Synagoge und stand auf, um vorzulesen. Da reichte man ihm das Buch des Propheten Jesaja; und als er das Buch aufrollte, traf er auf die Stelle, wo geschrieben steht (Jes 61,1-2; 58,6): »Der Geist des Herrn ist über mir, weil er mich gesalbt hat, damit ich den Armen die frohe Botschaft bringe; er hat mich gesandt, um den Gefangenen die Freilassung und den Blinden die Verleihung des Augenlichts zu verkünden, die Unterdrückten in Freiheit zu entlassen, ein Gnadenjahr des Herrn auszurufen.«"

Epheser 1,13+14:

„In ihm seid auch ihr, nachdem ihr das Wort der Wahrheit, die Heilsbotschaft von eurer Rettung, vernommen habt und zum Glauben gekommen seid, mit dem verheißenen heiligen Geist versiegelt worden, der das Angeld für unser Erbe ist (und) für die Erlösung seiner Eigentumsgemeinde (Bürgschaft leistet), zum Lobpreis seiner Herrlichkeit."

2. Korinther 1,19-22:

„Denn Gottes Sohn Jesus Christus, der unter euch durch uns gepredigt worden ist, nämlich durch mich und Silvanus und Timotheus, ist auch nicht Ja und Nein (zugleich) gewesen, sondern in ihm ist das »Ja« geschehen; denn für alle Verheißungen Gottes liegt in ihm das »Ja«; daher ist durch ihn auch das »Amen« erfolgt, Gott zur Verherrlichung durch uns. Der uns aber samt euch auf Christus fest gründet und uns gesalbt hat, das ist Gott, er, der uns auch sein Siegel aufgedrückt und uns den Geist als Unterpfand in unsere Herzen gegeben hat."

1. Johannes 5,11-21:

„Und dies Zeugnis lautet so: »Gott hat uns ewiges Leben gegeben, und dieses Leben ist in seinem Sohne vorhanden. Wer den Sohn hat, der hat das Leben; wer den Sohn Gottes nicht hat, der hat auch das Leben nicht.« Dies habe ich euch, die ihr an den Namen des Sohnes Gottes glaubt, geschrieben, damit ihr wißt, daß ihr ewiges Leben habt. Und dies ist die freudige Zuversicht, die wir zu ihm haben, daß, wenn wir ihn um etwas nach seinem Willen bitten, er uns erhört. Und wenn wir wissen, daß er alle unsere Bitten erhört, so wissen wir (zugleich), daß die Bitten, die wir vor ihn gebracht haben, uns schon gewährt sind. – Wenn jemand seinen Bruder eine Sünde begehen sieht, eine Sünde, die nicht zum Tode ist, so soll er (für ihn) bitten und ihm dadurch zum Leben verhelfen, nämlich denen, die nicht zum Tode sündigen. Es gibt (nämlich) auch eine Sünde zum Tode; von dieser sage ich nicht, daß man

(für eine solche) Fürbitte einlegen soll. Jede Ungerechtigkeit ist Sünde; doch es gibt auch Sünde, die nicht zum Tode ist. Wir wissen, daß jeder, der aus Gott erzeugt ist, nicht sündigt, sondern wer aus Gott erzeugt ist, bewahrt sich, und der Böse tastet ihn nicht an. Wir wissen, daß wir aus Gott sind, die ganze Welt dagegen im Argen liegt. Wir wissen aber (auch), daß der Sohn Gottes gekommen ist und uns Einsicht verliehen hat, damit wir den Wahrhaftigen erkennen; und wir sind in dem Wahrhaftigen, (indem wir) in seinem Sohne Jesus Christus (sind). Dieser ist der wahrhaftige Gott und ewiges Leben. Kindlein, hütet euch vor den Götzen!"

Johannes 1,11-14:

„Er kam in das Seine, doch die Seinen nahmen ihn nicht auf; allen aber, die ihn annahmen, verlieh er das Anrecht, Kinder Gottes zu werden, nämlich denen, die an seinen Namen glauben, die nicht durch Geblüt oder durch den Naturtrieb des Fleisches, auch nicht durch den Willen eines Mannes, sondern aus Gott gezeugt sind. Und das Wort wurde Fleisch und nahm seine Wohnung unter uns, und wir haben seine Herrlichkeit geschaut, eine Herrlichkeit, wie sie dem eingeborenen Sohne vom Vater verliehen wird; eine mit Gnade und Wahrheit erfüllte."

Galater 3,25-29:

„Seitdem nun aber der Glaube gekommen ist, stehen wir nicht mehr unter einem Erzieher; denn ihr alle seid Söhne Gottes durch den Glauben an Christus Jesus. Denn ihr alle, die ihr in Christus getauft worden seid, habt (damit) Christus angezogen. Da gibt es nun nicht mehr Juden und Griechen, nicht mehr Knechte und Freie, nicht mehr Mann und Weib: nein, ihr seid allesamt Einer in Christus Jesus. Wenn ihr aber Christus angehört, so seid ihr damit ja Abrahams Nachkommenschaft, Erben gemäß der Verheißung."

Galater 4,6+7:

„Weil ihr jetzt aber Söhne seid, hat Gott den Geist seines Sohnes in unsere Herzen gesandt, der da ruft: »Abba, (lieber) Vater!« Mithin bist du kein Knecht mehr, sondern ein Sohn; bist du aber ein Sohn, so bist du auch ein Erbe durch Gott."

Römer 8,12-16:

„Somit haben wir, liebe Brüder, nicht dem Fleische gegenüber die Verpflichtung, nach dem Fleische zu leben; denn wenn ihr nach dem Fleische lebt, so ist euch der Tod gewiß; wenn ihr dagegen durch den Geist die Geschäfte des Leibes tötet, so werdet ihr leben. Denn alle, die vom Geiste Gottes geleitet werden, die sind Söhne Gottes. Der Geist, den ihr empfangen habt, ist ja doch nicht ein Geist der Knechtschaft, so daß ihr euch aufs neue fürchten müßtet; sondern ihr habt den Geist der Sohnschaft empfangen, in welchem wir rufen: »Abba, (lieber) Vater!« Eben dieser Geist ist es, der vereint mit unserm Geiste ihm bezeugt, daß wir Gottes Kinder sind."

Weitere Bibelstellen dazu:

Hebräer 1,14 – Johannes 1 – 5. Mose 18,10-13 – Lukas 10,18-20 – Johannes 16,33 – 1. Johannes 5,4 – 1. Timotheus 6,12 – 1. Johannes 4,4 – 1. Johannes 5,5 – Epheser 6,11 – Jakobus 4,7 – Psalm 32,7 – 5. Mose 31,6 – 2. Mose 14,13+14 – Hebräer 13,6 – Jesaja 54,17 – Psalm 18,36+37 – Psalm

118,6 – Philipper 4,13 – Psalm 18,31 – Römer 8,31 – Psalm 118,8 – Sprüche 18,10 – Matthäus 26,53 – Psalm 91,4 – 2. Samuel 22,32 – 2. Timotheus 4,18 – Psalm 62,3 – Sprüche 2,8 – Sprüche 2,7 – Psalm 55,23 – Galater 3,26+27 – Römer 8,14 – 1. Johannes 3,2+3

*****

Ich glaube, dass nur die Gerechten ins ewige Leben gehen, die andere in die ewige Verdammnis. Ich glaube, dass unsere Seele ewig leben wird, jedoch gibt es zwei Orte, an denen sie weiterleben wird. Freiheit und ewiges Leben im Reich Gottes oder Gebundenheit unter der Herrschaft des Feindes und ewige Verdammnis. Ich glaube, dass allein die Leistung von Jesus ausreicht, um Menschen in die Gemeinschaft von Gott zu rufen. Ich glaube, dass wir nicht in der Lage sind, uns selbst zu retten. Ich glaube, dass es nicht gut ist, das alleinige Opfer als Grundlage mit eigenen Werken zu mischen. Ich glaube, dass Paulus die Galater genau deshalb ermahnt hat, weil sie gut begonnen haben, es aber allein zu Ende führen wollten. Ich glaube, dass Gott den (in seinen Augen) Gerechten niemals wanken lassen wird. Ich glaube, dass sein Wort unsere Führung ist und uns auf dem rechten Weg hält. Ich glaube, dass Jesus als Sohn Gottes, uns vom Aufbau des Reiches Gottes informiert hat und ich glaube, dass er uns alle aufforderte/auffordert, zum allmächtigen Gott umzukehren. Ich glaube, dass es schrecklich sein muss, am Ende in die Hände des lebendigen Gottes zu fallen und verdammt zu werden. Ich glaube aber, dass Jesus mich befreit hat und sein Blut meine Gerechtigkeit vor Gott bezeugt.

Psalm 55,23:

„Wirf dein Anliegen auf den HERRN; / der wird dich versorgen und wird den Gerechten in Ewigkeit nicht wanken lassen."

Matthäus 6,33:

„Trachtet zuerst nach dem Reich Gottes und nach seiner Gerechtigkeit, so wird euch das alles zufallen.

Psalm 37,28-30:

„Denn der HERR hat das Recht lieb und verlässt seine Heiligen nicht. Ewiglich werden sie bewahrt, aber das Geschlecht der Frevler wird ausgerottet. Die Gerechten werden das Land ererben und darin wohnen allezeit. Der Mund des Gerechten spricht Weisheit, und seine Zunge redet das Recht."

2. Korinther 5,20+21:

„So sind wir nun Botschafter an Christi statt, denn Gott ermahnt durch uns; so bitten wir nun an Christi statt: Lasst euch versöhnen mit Gott! Denn er hat den, der von keiner Sünde wusste, für uns zur Sünde gemacht, auf dass wir in ihm die Gerechtigkeit würden, die vor Gott gilt."

Römer 1,17:

„Denn darin wird offenbart die Gerechtigkeit, die vor Gott gilt, welche kommt aus Glauben in Glauben; wie geschrieben steht (Habakuk 2,4): »Der Gerechte wird aus Glauben leben.«"

Römer 3,1+2:

„Da wir nun gerecht geworden sind durch den Glauben, haben wir Frieden mit Gott durch unsern Herrn Jesus Christus. Durch ihn haben wir auch den Zugang im Glauben zu dieser Gnade, in der wir stehen, und rühmen uns der Hoffnung auf die Herrlichkeit, die Gott geben wird."

Römer 5,18+19:

„Wie nun durch die Sünde des Einen die Verdammnis über alle Menschen gekommen ist, so ist auch durch die Gerechtigkeit des Einen für alle Menschen die Rechtfertigung gekommen, die zum Leben führt. Denn wie durch den Ungehorsam des einen Menschen die Vielen zu Sündern geworden sind, so werden auch durch den Gehorsam des Einen die Vielen zu Gerechten."

Hebräer 10,28-31

„Wenn jemand das Gesetz des Mose missachtet, muss er sterben ohne Erbarmen auf zwei oder drei Zeugen hin. Eine wie viel härtere Strafe, meint ihr, wird der verdienen, der den Sohn Gottes mit Füßen tritt und das Blut des Bundes für unrein hält, durch das er doch geheiligt wurde, und den Geist der Gnade schmäht? Denn wir kennen den, der gesagt hat (5. Mose 32,35-36): »Die Rache ist mein, ich will vergelten«, und wiederum: »Der Herr wird sein Volk richten.« Schrecklich ist's, in die Hände des lebendigen Gottes zu fallen."

Matthäus 10,27+28:

„Was ich euch sage in der Finsternis, das redet im Licht; und was euch gesagt wird in das Ohr, das verkündigt auf den Dächern. Und fürchtet euch nicht vor denen, die den Leib töten, doch die Seele nicht töten können; fürchtet viel mehr den, der Leib und Seele verderben kann in der Hölle."

1. Johannes 2,1-2:

„Meine Kinder, dies schreibe ich euch, damit ihr nicht sündigt. Und wenn jemand sündigt, so haben wir einen Fürsprecher bei dem Vater, Jesus Christus, der gerecht ist. Und er selbst ist die Versöhnung für unsre Sünden, nicht allein aber für die unseren, sondern auch für die der ganzen Welt."

Psalm 119,103:

„Dein Wort ist meines Fußes Leuchte und ein Licht auf meinem Wege."

Römer 5,7-11:

„Nun stirbt kaum jemand um eines Gerechten willen; um des Guten willen wagt er vielleicht sein Leben. Gott aber erweist seine Liebe zu uns darin, dass Christus für uns gestorben ist, als wir noch Sünder waren. Um wie viel mehr werden wir nun durch ihn gerettet werden vor dem Zorn, nachdem wir jetzt durch sein Blut gerecht geworden sind. Denn wenn wir mit Gott versöhnt worden sind durch den Tod seines Sohnes, als wir noch Feinde waren, um wie viel mehr werden wir selig werden durch sein Leben, nachdem wir nun versöhnt sind. Nicht allein aber das, sondern wir rühmen uns auch Gottes durch unsern Herrn Jesus Christus, durch den wir jetzt die Versöhnung empfangen haben."

Johannes 3,16-21:

„Und wie Mose in der Wüste die Schlange erhöht hat, so muss der Menschensohn erhöht werden, auf dass alle, die an ihn glauben, das ewige Leben haben. Denn also hat Gott die Welt geliebt, dass er seinen eingeborenen Sohn gab, auf dass alle, die an ihn glauben, nicht verloren werden, sondern das ewige Leben haben. Denn Gott hat seinen Sohn nicht in die Welt gesandt, dass er die Welt richte, sondern dass die Welt durch ihn gerettet werde. Wer an ihn glaubt, der wird nicht gerichtet; wer aber nicht glaubt, der ist schon gerichtet, denn er hat nicht geglaubt an den Namen des eingeborenen Sohnes Gottes. Das ist aber das Gericht, dass das Licht in die Welt gekommen ist, und die Menschen liebten die Finsternis mehr als das Licht, denn ihre Werke waren böse. Wer Böses tut, der hasst das Licht und kommt nicht zu dem Licht, damit seine Werke nicht aufgedeckt werden. Wer aber die Wahrheit tut, der kommt zu dem Licht, damit offenbar wird, dass seine Werke in Gott getan sind."

Weitere Bibelstellen dazu:

Matthäus 25,34+41+46 – Lukas 16,22-31 – Matthäus 8,11-13 – Matthäus 13,36-43 – Matthäus 13,53-58 – Lukas 13,22-30 – Sprüche 21,21 – 1. Timotheus 6,11 – Galater 6,7 – Sprüche 21,2 – Psalm 112,6 – Psalm 34,16 – Jakobus 4,8 – 2. Korinther 6,14 – Sprüche 11,4 – Römer 6,13 – Sprüche 4,11 – Habakuk 2,4 – Sprüche 2,8 – Galater 2,21 – Hesekiel 18,22 – Sprüche 2,7 – Sprüche 10,28 – Psalm 146,8 – 2. Timotheus 4,7+8 – Kolosser 2,16-20 – Galater 3,13+14

*****

Ich glaube (zum Teil Wiederholung), dass der einzige Weg, aus dieser Verdammnis, Jesus Christus ist. Der Retter! Ich glaube, dass Jesus Gott ist und auch die Bibel Gottes Wort ist. Ich glaube an den Heiligen Geist (der Wahrheit), der ebenfalls Gott ist (Dreieinigkeit) und mir vom Vater als Anzahlung auf das ewige Leben geschenkt wurde. Ich glaube, dass das Wort wahrhaftig und alle Schrift von Gottes Geist inspiriert wurde und Gott alle Macht hat! Hätte er die Bibel in dieser Form nicht gewollt, hätte er es verhindert! Ich glaube, dass ich ohne das Blut Jesu in der Hölle gelandet wäre. Meine Errettung stützt sich nur auf seine Tat, seinen Gehorsam, seine Unfehlbarkeit!

Bibelstellen dazu:

Johannes 14,6 – Johannes 8,24 – Apostelgeschichte 4,12 – 1. Timotheus 1,5 – 2. Timotheus 3 – Johannes 1 – Johannes 17,3 – Johannes 3,36 – Offenbarung 1,8 – Johannes 6,27

*****

Ich glaube, dass jeder Kenntnis bekommen hat, dass es nur einen Gott gibt und dass jeder mindestens einmal das Evangelium verkündet bekommen und gehört hat, bevor Jesus wiederkommt. Ich glaube, dass jeder Mensch (mindestens) einmal Raum zur Buße/Umkehr bekommt und so von Gott die Einladung erhalten hat, mit freiem Willen zu ihm umzukehren. Jeder hatte die Wahl, die Wahrheit und die Rettung anzunehmen oder auszuschlagen.

Römer 1,19-31:

„Denn was man von Gott erkennen kann, ist unter ihnen offenbar; denn Gott hat es ihnen offenbart. Denn sein unsichtbares Wesen – das ist seine ewige Kraft und Gottheit – wird seit der Schöpfung der Welt, wenn man es wahrnimmt, ersehen an seinen Werken, sodass sie keine Entschuldigung haben. Denn obwohl sie von Gott wussten, haben sie ihn nicht als Gott gepriesen noch ihm gedankt, sondern sind dem Nichtigen verfallen in ihren Gedanken, und ihr unverständiges Herz ist verfinstert. Die sich für Weise hielten, sind zu Narren geworden und haben die Herrlichkeit des unvergänglichen Gottes vertauscht mit einem Bild gleich dem eines vergänglichen Menschen und der Vögel und der vierfüßigen und der kriechenden Tiere. Darum hat Gott sie in den Begierden ihrer Herzen dahingegeben in die Unreinheit, sodass sie ihre Leiber selbst entehren. Sie haben Gottes Wahrheit in Lüge verkehrt und das Geschöpf verehrt und ihm gedient statt dem Schöpfer, der gelobt ist in Ewigkeit. Amen. Darum hat sie Gott dahingegeben in schändliche Leidenschaften; denn bei ihnen haben Frauen den natürlichen Verkehr vertauscht mit dem widernatürlichen; desgleichen haben auch die Männer den natürlichen Verkehr mit der Frau verlassen und sind in Begierde zueinander entbrannt und haben Männer mit Männern Schande über sich gebracht und den Lohn für ihre Verirrung, wie es ja sein musste, an sich selbst empfangen. Und wie sie es für nichts geachtet haben, Gott zu erkennen, hat sie Gott dahingegeben in verkehrten Sinn, sodass sie tun, was nicht recht ist, voll von aller Ungerechtigkeit, Schlechtigkeit, Habgier, Bosheit, voll Neid, Mord, Hader, List, Niedertracht; Ohrenbläser, Verleumder, Gottesverächter, Frevler, hochmütig, prahlerisch, erfinderisch im Bösen, den Eltern ungehorsam, unvernünftig, treulos, lieblos, unbarmherzig. Sie wissen, dass nach Gottes Recht den Tod verdienen, die solches tun; aber sie tun es nicht nur selbst, sondern haben auch Gefallen an denen, die es tun."

Römer 2,12-16:

„Alle, die ohne Gesetz gesündigt haben, werden auch ohne Gesetz verloren gehen; und alle, die unter dem Gesetz gesündigt haben, werden durchs Gesetz verurteilt werden. Denn vor Gott sind nicht gerecht, die das Gesetz hören, sondern die das Gesetz tun, werden gerecht sein. Denn wenn Heiden, die das Gesetz nicht haben, doch von Natur aus tun, was das Gesetz fordert, so sind sie, obwohl sie das Gesetz nicht haben, sich selbst Gesetz. Sie beweisen damit, dass des Gesetzes Werk in ihr Herz geschrieben ist; ihr Gewissen bezeugt es ihnen, dazu auch die Gedanken, die einander anklagen oder auch entschuldigen, an dem Tag, an dem Gott das Verborgene der Menschen durch Christus Jesus richtet, wie es mein Evangelium bezeugt."

2. Petrus 3,9:

„Der Herr verzögert nicht die Verheißung, wie es einige für eine Verzögerung halten; sondern er hat Geduld mit euch und will nicht, dass jemand verloren werde, sondern dass jedermann zur Buße finde."

Markus 1,15:

„Nachdem aber Johannes überantwortet wurde, kam Jesus nach Galiläa und predigte das Evangelium Gottes und sprach: Die Zeit ist erfüllt, und das Reich Gottes ist nahe herbeigekommen. Tut Buße und glaubt an das Evangelium!"

Weitere Bibelstellen dazu:

Apostelgeschichte 10,1-4 – 2. Chronik 7,14 – 1. Johannes 1,9 – Apostelgeschichte 3,19 – Sprüche 28,13 – Matthäus 3,8 – 2. Chronik 30,9 – Matthäus 9,13 – Jakobus 4,8 – Joel 2,13 – Lukas 15,7 – Hesekiel 18,32 – Apostelgeschichte 17,30 – Lukas 13,3 – Lukas 15,10 – Apostelgeschichte 2,38 – Sprüche 1,23

*****

Ich glaube, dass das Problem der Sünde (und dadurch Trennung von Gott und ewiger Tod) für den Menschen endgültig gelöst wurde durch

- *Das **Leben** von Jesus (untadelig, gehorsam, Gott wohlgefällig – **Lukas 23,4 – 2. Korinther 15,21 – Johannes 3,16 – Galater 3,13+14**, u.v.m.).*
- *Sein **Sterben** (für uns, der Sünde und Schuld der ganzen Welt, weil jemand den Preis/die Bestrafung für die Übertretung bezahlen musste) – **Galater 3,13+14 – 1. Johannes 4,10 – 1. Johannes 2,2 – Galater 2,20 – Römer 3,23+24 – Epheser 1,7 – Hebräer 5,9 – Apostelgeschichte 26,22+23 – Kolosser 1,13+14 – 1. Petrus 3,18-22 – Römer 6,1-7.***
- *Seine **Auferstehung**, weil Gott es nicht bei der Bestrafung beließ, sondern ihn wieder ins Leben holte (in ein neues, verherrlichtes) Leben als Erstgeborener der neuen Schöpfung Gott, der wir ebenfalls angehören. Als Anzahlung hierfür haben wir den Heiligen Geist erhalten. **(Matthäus 20,18+19 – Hiob 19,25 – Hebräer 12,2 – Hebräer 5,9 – Matthäus 28,5+6 – Apostelgeschichte 26,22+23 – Johannes 11,25+26 – Johannes 20,8+9 – Markus 16,6 – Lukas 24,6+7 – 1. Thessalonicher 4,14 – 1. Petrus 1,3 – 1. Korinther 15,3+4 – 1. Korinther 15,21 – 1. Korinther 15 gesamt – Römer 8,11 – Epheser 1,13+14**).*
- *Wir sind **durch seinen Geist** von oben **neu** geboren worden, diejenigen, die glauben. Ich glaube, dass wir ihm dadurch gleichgestaltet wurden (**1. Thessalonicher 4,14 – 1. Petrus 1,3 – 1. Korinther 15,21 – Philipper 3,10 – 2. Korinther 5,17 – 1. Johannes 5,4 – Johannes 3,5 – Titus 3,5 – 1. Johannes 4,7+17 – Epheser 2,10 – Hebräer 12,23 – Galater 3,27 – Römer 8,11 – 1. Petrus 3,18-22 – Epheser 1,13+14 – 2. Korinther 1,21+22 – Philipper 3,20+21**).*

*****

Ich glaube, dass Gott, durch Jesus, mit uns noch einmal ganz neu angefangen hat. Er hat einen neuen Bund geschlossen, mit jenen, die Jesus als ihren Rettern und Herrn annehmen. Dieser neue Bund wurde mit dem Blut Jesu besiegelt und eingeführt. Ich glaube, dass dieser neue Bund den alten Bund ablöste. Ich glaube, dass dieser neue Bund ein besserer Bund ist. Ich glaube, dass der alte Bund ein zweiseitiger Bund war, z.B. war der Segen abhängig vom Gehorsam der jeweiligen Person. Ich glaube, dass der neue Bund ein einseitiger Bund ist und Gott, durch Jesus, die Befreiung selbst in die Hand genommen hat, weil wir dazu nicht in der Lage waren. Ich glaube, dass ihm alleinige Ehre dafür gebührt und wir uns mit nichts rühmen können. Ihm zur Ehre, mir zum Segen. Ich glaube, dass ich das Geschenk, unverdientermaßen, mit Dank annehmen kann, weil dies Gottes Wille für mich/uns war.

Da ich zu diesem Thema **4 Teile** im Broadcast gemacht habe, sowie danach 13 Tage Hebräerbrief mit Schwerpunkt Alter und Neuer Bund, notiere ich dir hier die Bibelstellen aus dieser Kurzreihe. Weiterhin gibt es zu dieser Reihe (mit vielen weiterführenden Wahrheiten und Bibelstellen) das Heft „Alter und Neuer Bund – Unterschiede verstehen).

Bibelstellen Teil 1 – Alten und Neuen Bund verstehen – Broadcast 2021:

- Hesekiel 36,25-29
- Jeremia 31,31-34
- Ein neues Herz und der Heilige Geist verändern uns von innen heraus.
- Gott nimmt unsere Götzen weg.
- Alter Bund/Altes Testament - Alter Bund/Neues Testament - Neuer Bund/Neues Testament - 3 Spalten machen.
- Mose = Mittler des Alten Bundes - Jesus ist Mittler des Neuen Bundes - Hebr. 9,15+16.
- Hebräer 7+8.
- Neue Schöpfung im Neuen Bund, 2. Kor. 5.17.
- Neuer Wein in neue Schläuche, Lk. 5,36-39.
- Neue Gesetzeslehrer, Mt. 13,52 - Altes und Neues wird aus dem Schatz hervorgeholt.
- Matthäus 23,2-26 - Die Gesetzeslehrer und die Pharisäer haben sich auf den Stuhl Mose gesetzt. Schau genau hin, zu welchen Bund man dich bekehren will! Welchen Mittler verkauft man dir? Jesus oder Mose?
- Berg Sinai - Mose als Mittler brachte das Gesetz der Worte/Steintafeln, 2. Mose 24,1-8.
- Golgatha - Jesus als Mittler brachte den Frieden und die Erlösung vom Gesetz und das Gesetz des Glaubens, Rö. 3.27 - Römer 7,4.
- Mit Christus gestorben/Sünde wurde getragen/meine Schuld getilgt - Römer 6,1-7 - Epheser 2,4-8.
- Gesetz war nur ein Schatten, Hebr.10,1.
- Hebr. 10,10 - Wir sind geheiligt durch das Opfer Jesus.
- Rö. 12,1+2 - Wir 'lassen' uns verändern, damit wir Gottes Willen erkennen können.
- Gott wollte und WILL unser Gott sein, wir hatten die Herrlichkeit verfehlt, Rö. 3, 23-26. Er schaffte einen Ausweg aus dem Dilemma.
- Vorsicht vor Götze Intelligenz und Irrlehren in die 'scheinbare' alte Wahrheit, Gott hat uns durch die Einfachheit des Kreuzes erlöst, 1. Kor. 1,21 - 1. Kor. 3,19.

Bibelstellen Teil 2 – Alten und Neuen Bund verstehen – Broadcast 2021:

- Das Strahlen des Mose, im Angesicht Gottes, 2. Mose 34,29-35.
- **Wie viel mehr Herrlichkeit hat der Neue Bund, wo der Geist Gottes in uns lebt?** Eph. 1,13+14 - Eph. 1,15-23 - 2. Kor. 3,7-17 - Joh. 14,16 - Joh. 1,12.
- Joh. 1 - Die Finsternis erkennt das Licht nicht, 1. Joh.1,5 - Jak. 1,17+18.
- Lass das/dein Licht leuchten, Mt. 5,13-16.
- Wir sind **Erstlinge** der neuen Schöpfung, wir gehören zur Gemeinde der Erstgeboren, 2. Kor. 5,17 - Jak. 1,18 - Hebr. 12.25.
- Mittler des Alten und Neuen Bundes, Hebr. 8,6-13.
- Nur Mose durfte auf den Berg, um Gott zu sehen, durch Jesus haben wir Zutritt zu Gott, wir können freimütig zum Thron kommen ihn und bitten, Hebr. 4,16 - Joh. 14.13 - 1. Kor. 6,19.
- Der HG, der Geist der Wahrheit leitet uns in alle Wahrheit, Joh. 16,12-15.
- Ein Bund wird mit Blut eingeweiht, der Alte s. 2. Mose 24, 1-8 - Der Neue Bund durch das Blut Jesu, Hebr. 8,6-13 - Hebr. 9,11-22 - Rö. 6,23 - Rö. 3,23-26.
- Im AB war keine Sündenvergebung möglich, im NB wurden (!) die Sünden ein für alle Mal vergeben! Es ist ein "on TOP", ein "besserer" Bund.
- Wir sind vom Gesetz frei und für die Sünde tot, Rö. 6,1-14! Dafür halten wir uns.
- Wer mutwillig, widerspenstig, weitersündigt, für den gibt es kein Opfer mehr. Es muss schrecklich sein, in die Hände des lebendigen Gottes zu fallen, Hebr. 10,23-31 (Achtung, das ist nicht Schwachheit im Glauben).
- Das Blut Jesu und die Gnade nicht mit Füßen treten, keine Lästerung des HG, Mt. 12, 22-32.

Bibelstellen Teil 3 – Alten und Neuen Bund verstehen – Broadcast 2021:

- Christus hat uns zur Freiheit berufen, Galater 1 - Johannes 1,31-38.
- Wo der Geist des Herrn ist, da ist Freiheit.
- Gott erstattet uns zurück, was der Teufel gestohlen hat, Joel 2,25-27.
- Zeugnis von mir: Ich habe es satt, mir permanent Unglaube und Zweifel in mein Leben sprechen zu lassen!
- Wenn Glaube zur Sucht wird, statt ein lebendiges Leben mit dem Herrn zu haben.
- Wir sind zur Freiheit berufen, Gal. 1, lasst euch nicht wieder in die Knechtschaft spannen.
- Hört auf, von Ungläubigen und denen, die den Geist Gottes nicht haben, zu verlangen, dass sie nach dem Gesetz handeln! Es geht nicht! Der Geist heiligt und verändert uns! Nur in Christus können wir die richtigen Dinge tun. Gal. 5,16-18 - 2. Kor. 3,17+18 (!)
- Gott ist Geist!
- Joh. 6,63, der Geist ist es, der lebendig macht.
- Alles ist uns erlaubt aber nicht alles ist gut für uns, 1. Kor. 6,12-17 - Wir hängen Jesus an und sind ein Geist mit ihm.
- Der Neue Bund ist ein einseitiger (!) Bund, der Alte Bund ein zweiseitiger (!) Bund, Gott selbst übernahm unseren Part! Joh. 1.
- Jesus verkündete das angenehme Jahr des Herrn, Lukas 4,18 und Jesaja 61.
- Alter und Neuer Bund gehen nicht zusammen. Wir sind tot dafür, mit Christus gekreuzigt, 2. Kor. 5,17 - Gal. 1.

Bibelstellen Teil 4 – Alten und Neuen Bund verstehen – Broadcast 2021:

- Freiheit in Christus, Galater 5.
- Wo der Geist ist, ist Freiheit, 2. Kor. 3,17.
- Im Geist wandeln, Gal. 5.
- Über Heuchelei bei Christen, Zeugnis, Glaube ohne Werke ist tot, Jak. 1,19-36 - Wovon das Herz voll ist, davon redet der Mund, Mt. 12,34 und Lk. 6,45 - Hebr. 13,17 - Galater 6,6 - Philipper 4,10-20 - Sünde bekennen: 1. Joh. 1,9 - Jak. 5,16-18.
- Alles für den Herrn tun, Kol. 3,23+24; dem Herrn verpflichtet sein.
- 1. Petr. 2,15-17 - Zur Freiheit berufen.
- Weise und verständig werden, Vorsicht vor verhärteten Herzen und Unglaube - Jak. 3.13 - Spr. 3,13 - Mk.6,49-52 - Mk. 8,14-21 - Joh. 16,9 - Ps. 106,24 - Psalm 103 - Joh. 12.38 - Hebr. 3,12.
- Jeremia 31,31-40 - Der Neue Bund als einseitiger Bund.
- Jeremia 34,8-22 im Vergleich zu Galater 5,1-26.
- Vorsicht vor Lehren, die dich zurück in die Knechtschaft bringen wollen.
- Wandeln im Geist, Gal. 5,16-25.
- Psalm 68,7.
- Römer 6,15-23 - Wir sind frei und sündigen aber nicht weiter, weil wir uns für die Sünde TOT halten.

Bibelstellen, die ich mir dazu notiert hatte:

Johannes 4,14 – 1. Timotheus 6,12 – Johannes 1,29 – Jesaja 59,1-5 – Hebräer 8,6 – Hebräer 8,10-13 – Epheser 2,14-18 – Kolosser 2,14 – Römer 3,27+28 – 2. Korinther 5,17 – 2. Korinther 5,14+15 – Galater 5,1-4 – Lukas 22,20 – Römer 8,1-25 – Römer 3,9+10 – 1. Johannes 5,11-13

*****

Ich glaube, wenn ich mich selbst für diese Welt, mit dem alten Wesen, mit Christus gekreuzigt sehe, werde ich mit Jesus leben. Er ist der lebendige Gott, nach seiner Auferstehung lebt er und sitzt zur Rechten Gottes (Bibelstellen schon genannt). Ich werde leben, auch wenn ich sterbe (physisch). Ich glaube, dass wir in das ewige Leben bereits zu Lebzeiten eintreten, wenn ich mich für diese Welt gestorben sehe. Ich glaube, dass das ewige Leben darin besteht, Jesus, den Herrn und Retter als Sohn Gottes, sowie den Vater, den Allmächtigen, den Schöpfer des Himmels und der Erde, als solche zu erkennen. Ich glaube, dass wir Gott hier auf der Erde stückweise erkennen, durch die Offenbarungen in seinem Wort, wir ihn aber dann ganz erkennen, wenn wir komplett in die Herrlichkeit eingehen. Ich glaube, dass er der Gleiche ist, der droben sitzt, der auch jetzt für mich da ist.

Johannes 17,1-3:

„Solches redete Jesus und hob seine Augen auf zum Himmel und sprach: Vater, die Stunde ist gekommen: Verherrliche deinen Sohn, auf dass der Sohn dich verherrliche; so wie du ihm Macht gegeben hast über alle Menschen, auf dass er ihnen alles gebe, was du ihm gegeben hast: das ewige Leben. Das ist aber das ewige Leben, dass sie dich, der du allein wahrer Gott bist, und den du gesandt hast, Jesus Christus, erkennen."

Galater 2,19+20:

„Ich meinerseits dagegen bin durch das Gesetz für das Gesetz gestorben, um (fortan) für Gott zu leben: ich bin mit Christus gekreuzigt. So lebe also nicht mehr ich selbst, sondern Christus lebt in mir; was ich jetzt aber noch im Fleisch lebe, das lebe ich im Glauben an den Sohn Gottes, der mich geliebt und sich selbst für mich dahingegeben hat."

Römer 6,3-7:

„Oder wißt ihr nicht, daß wir alle, die wir auf Christus Jesus getauft worden sind, auf seinen Tod getauft worden sind? Wir sind also deshalb durch die Taufe in den Tod mit ihm begraben worden, damit, gleichwie Christus von den Toten auferweckt worden ist durch die Herrlichkeit des Vaters, ebenso auch wir in einem neuen Leben wandeln. Denn wenn wir mit ihm zur Gleichheit des Todes verwachsen sind, so werden wir es auch hinsichtlich seiner Auferstehung sein; wir erkennen ja dies, daß unser alter Mensch deshalb mitgekreuzigt worden ist, damit der von der Sünde beherrschte Leib vernichtet werde, auf daß wir hinfort nicht mehr der Sünde als Sklaven dienen; denn wer gestorben ist, der ist dadurch von (jedem Rechtsanspruch) der Sünde freigesprochen."

Johannes 11,25-27:

„Jesus entgegnete ihr: »Ich bin die Auferstehung und das Leben; wer an mich glaubt, wird leben, wenn er auch stirbt, und wer da lebt und an mich glaubt, wird in Ewigkeit nicht sterben! Glaubst du das?« Sie antwortete ihm: »Ja, Herr, ich habe den Glauben gewonnen, daß du Christus bist, der Sohn Gottes, der in die Welt kommen soll.«"

Johannes 17,3:

„Darin besteht aber das ewige Leben, daß sie dich, den allein wahren Gott, und den du gesandt hast, Jesus Christus, erkennen."

1. Korinther 13,9-12:

„Denn Stückwerk ist unser Erkennen und Stückwerk unsere prophetische Redegabe, und wenn das Vollkommene kommt, dann wird das Stückwerk ein Ende haben. Als ich ein Kind war, redete ich wie ein Kind, hatte einen Sinn wie ein Kind, urteilte wie ein Kind; seit ich aber ein Mann geworden bin, habe ich das kindische Wesen abgetan. Denn jetzt sehen wir in einem Spiegel nur undeutliche Bilder, dann aber von Angesicht zu Angesicht. Jetzt ist mein Erkennen nur Stückwerk; dann aber werde ich ganz erkennen, wie auch ich ganz erkannt worden bin."

Matthäus 7,13+14:

„Gehet (in das Reich Gottes) durch die enge Pforte ein; denn weit ist die Pforte und breit der Weg, der ins Verderben führt, und es sind ihrer viele, die auf ihm hineingehen. Eng ist dagegen die Pforte und schmal der Weg, der ins Leben führt, und nur wenige sind es, die ihn finden.« (Lk 13,24)"

2. Timotheus 2,11-13:

„Zuverlässig ist das Wort: »Sind wir mitgestorben, so werden wir auch mitleben; harren wir standhaft aus, so werden wir auch mitherrschen; verleugnen wir, so wird auch er uns verleugnen; sind wir untreu, so bleibt er doch treu; denn er kann sich selbst nicht verleugnen.«"

Weitere Bibelstellen:

Johannes 10,28-30 – Sprüche 8,35 – 2. Korinther 4,18 – 1. Johannes 5,11 – Johannes 3,16 – 1. Johannes 5,13 – Römer 6,23 – 2. Korinther 5,21 – Römer 6,5-11 – Matthäus 10,39 – 2. Timotheus 2,11 – Hesekiel 18,32 – Johannes 3,36 – Offenbarung 21,3+4 – 1. Timotheus 6,12 – Römer 8,18 – Johannes 4,14 – Matthäus 10,39 – Offenbarung 1,8 – Galater 6,8 – Johannes 6,27 – Offenbarung 7,16+17

*****

Ich glaube, dass es für die Neugeburt notwendig war, mein Leben komplett Jesus zu übergeben. Ich glaube daran, dass wir Jesus annehmen müssen, als der, der er ist. Ich glaube, dass Jesus der Sohn Gottes ist, der Gott ist. Ich glaube, dass er der König der Könige ist und der Herrscher des neuen Reiches von Gott. Dieses Reich hat Jesus angekündigt und er war/ist der Erstgeborene dieser neuen Schöpfung, die aus Gottes Geist geschaffen wurde. Ich glaube, dass ich mein altes Leben, meine alte sündige Natur, aufgeben musste. Bewusst. Ich glaube, wenn ich an diesem alten Leben festgehalten hätte, ich verloren gewesen wäre. Ich glaube, dass man sein altes Leben verlieren muss, damit man das neue Leben haben kann. Ich glaube, dass man Jesus als seinen Herrn annehmen muss, akzeptieren muss, dass er der Sohn Gottes und der König ist. Ich glaube, dass ich nur erfolgreich in dieser gefallenen Welt herrschen kann, wenn Jesus die Herrschaft über mich übernommen hat. Ich glaube, dass das, was jetzt lebt, Jesus ist, der in mir lebt. Das, was ich lebe, lebe ich für ihn und Gott und für ihr Reich. Ich glaube, man nur dann wirklich gläubig geworden ist, wenn man Jesus als den angenommen hat, der er ist. Wer zum Glauben an ihn kommt, kann gerettet werden. Ich glaube, dass ich diesen Glauben durch die Taufe bezeuge. Mit der Taufe zeige ich, dass das alte Ich, der alte Adam in mir, die alte sündige Natur in mir, gestorben ist und begraben wurde. Jetzt kann die Sünde nicht mehr über mich herrschen, weil ich in Christus neu geboren wurde. Ich glaube, dass ich der Sünde widerstehen kann, in dem ich dem Teufel vor Augen halte, wer jetzt der Herr in meinem Leben ist und wen ich anbete."

Matthäus 16,24-26:

„Damals sagte Jesus zu seinen Jüngern: »Will jemand mein Nachfolger sein, so verleugne er sich selbst und nehme sein Kreuz auf sich: dann kann er mein Nachfolger sein. Denn wer sein Leben retten will, der wird es verlieren; wer aber sein Leben um meinetwillen verliert, der wird es finden. Denn was könnte es einem Menschen helfen, wenn er die ganze Welt gewönne, aber sein Leben einbüßte? Oder was könnte ein Mensch als Gegenwert für sein Leben geben?"

Römer 10,6-11:

„Die Gerechtigkeit dagegen, die aus dem Glauben kommt, spricht so: »Denke nicht in deinem Herzen: ›Wer wird in den Himmel hinaufsteigen?‹ – nämlich um Christus herabzuholen –, oder: ›Wer wird in den Abgrund hinabsteigen?‹ – nämlich um Christus von den Toten heraufzuholen« –, sondern was sagt sie? »Nahe ist dir das Wort: in deinem Munde und in deinem Herzen (hast du es)« (5.Mose 30,14), nämlich das Wort vom Glauben, das wir verkündigen. Denn wenn du »mit deinem Munde« Jesus als den Herrn bekennst und »mit deinem Herzen« glaubst, daß Gott ihn von den Toten auferweckt hat, so wirst du gerettet werden. Denn mit dem Herzen glaubt man (an ihn) zur Gerechtigkeit, und mit dem Munde bekennt man (ihn) zur Errettung. Sagt doch die Schrift (Jes 28,16): »Keiner, der auf ihn sein Vertrauen setzt, wird zuschanden werden.«"

Epheser 2,4-9:

„Gott aber, der an Barmherzigkeit reich ist, hat uns um seiner großen Liebe willen, die er zu uns hegte, und zwar als wir tot waren durch unsere Übertretungen, zugleich mit Christus lebendig gemacht – durch Gnade seid ihr gerettet worden! – und hat uns in Christus Jesus mitauferweckt und mit ihm in die Himmelswelt versetzt, um in den kommenden Weltzeiten den überschwenglichen Reichtum seiner Gnade durch die Gütigkeit gegen uns in Christus Jesus zu erweisen. Denn durch die Gnade seid ihr gerettet worden auf Grund des Glaubens, und zwar nicht aus euch – nein, Gottes Geschenk ist es –, nicht aufgrund von Werken, damit niemand sich rühme."

Johannes 14,6-11:

„Da sagte Thomas zu ihm: »Herr, wir wissen nicht, wohin du gehst: wie sollten wir da den Weg kennen?« Jesus antwortete ihm: »Ich bin der Weg und die Wahrheit und das Leben; niemand kommt zum Vater außer durch mich. Wenn ihr mich erkannt hättet, würdet ihr auch meinen Vater kennen; von jetzt an kennt ihr ihn und habt ihn gesehen.« Philippus sagte zu ihm: »Herr, zeige uns den Vater: das genügt uns.« Da sagte Jesus zu ihm: »So lange Zeit schon bin ich mit euch zusammen, und (trotzdem) hast du mich noch nicht erkannt, Philippus? Wer mich gesehen hat, der hat den Vater gesehen; wie kannst du sagen: ›Zeige uns den Vater!‹ Glaubst du nicht, daß ich im Vater bin und der Vater in mir ist? Die Worte, die ich zu euch rede, spreche ich nicht von mir selbst aus, nein, der Vater, der dauernd in mir ist, der tut seine Werke. Glaubet mir, daß ich im Vater bin und der Vater in mir ist; wo nicht, so glaubt doch um der Werke selbst willen!«"

Matthäus 28,16-20:

„Die elf Jünger aber begaben sich nach Galiläa auf den Berg, wohin Jesus sie beschieden hatte; und als sie ihn erblickten, warfen sie sich vor ihm nieder; einige aber hegten Zweifel. Da trat Jesus herzu und redete sie mit den Worten an: »Mir ist alle Gewalt im Himmel und auf Erden verliehen. Darum gehet hin und macht alle Völker zu (meinen) Jüngern: tauft sie auf den Namen des Vaters, des Sohnes und des heiligen Geistes und lehrt sie alles halten, was ich euch geboten habe. Und wisset wohl: Ich bin bei euch alle Tage bis ans Ende der Weltzeit!«"

Johannes 17,1-18:

„»Ich habe deinen Namen den Menschen geoffenbart, die du mir aus der Welt gegeben hast. Dir gehörten sie an, und mir hast du sie gegeben, und sie haben dein Wort bewahrt. Jetzt haben sie erkannt, daß alles, was du mir gegeben hast, von dir stammt; denn die Worte, die du mir gegeben hast, habe ich ihnen gegeben, und sie haben sie angenommen und haben in Wahrheit erkannt, daß ich von dir ausgegangen bin, und haben den Glauben gewonnen, daß du es bist, der mich gesandt hat. Ich bitte für sie; nicht für die Welt bitte ich, sondern für die, welche du mir gegeben hast; denn sie sind dein Eigentum, und was mein ist, ist ja alles dein, und was dein ist, das ist mein, und ich bin in ihnen verherrlicht worden. Und ich bin nicht mehr in der Welt, doch sie sind noch in der Welt, während ich zu dir gehe. Heiliger Vater, erhalte sie in deinem Namen, den du mir anvertraut hast, damit sie eins seien, so wie wir es sind. Solange ich in ihrer Mitte gewesen bin, habe ich die, die du mir gegeben hast, in deinem Namen erhalten und habe sie behütet, und keiner von ihnen ist verlorengegangen außer dem Sohne des Verderbens, damit die Schrift erfüllt würde (Ps 41,10). Jetzt aber gehe ich zu dir und rede dieses noch in der Welt, damit sie die Freude, wie ich sie habe, vollkommen in sich tragen. Ich habe ihnen dein Wort gegeben, und die Welt hat sie gehaßt, weil sie nicht zur Welt gehören, wie auch ich nicht der Welt angehöre. Ich bitte dich nicht, sie aus der Welt hinwegzunehmen, sondern sie vor dem Bösen zu behüten. Sie gehören nicht zur Welt, wie auch ich nicht der Welt angehöre. Heilige sie in deiner Wahrheit: dein Wort ist Wahrheit. Wie du mich in die Welt gesandt hast, so habe auch ich sie in die Welt gesandt; und für sie heilige ich mich, damit auch sie in Wahrheit geheiligt seien.«"

Matthäus 7,21-29:

„»Nicht alle, die ›Herr, Herr‹ zu mir sagen, werden (darum schon) ins Himmelreich eingehen, sondern nur, wer den Willen meines himmlischen Vaters tut. Viele werden an jenem Tage zu mir sagen: ›Herr, Herr, haben wir nicht kraft deines Namens prophetisch geredet und kraft deines Namens böse Geister ausgetrieben und kraft deines Namens viele Wundertaten vollführt?‹ Aber dann werde ich ihnen erklären: ›Niemals habe ich euch gekannt; hinweg von mir, ihr Täter der Gesetzlosigkeit!‹ (Ps 6,9) Darum wird jeder, der diese meine Worte hört und nach ihnen tut, einem klugen Manne gleichen, der sein Haus auf Felsengrund gebaut hat. Da strömte der Platzregen herab, es kamen die Wasserströme, es wehten die Winde und stießen an jenes Haus; doch es stürzte nicht ein, denn es war auf den Felsen gegründet. Wer jedoch diese meine Worte hört und nicht nach ihnen tut, der gleicht einem törichten Manne, der sein Haus auf den Sand gebaut hat. Da strömte der Platzregen herab, es kamen die Wasserströme, es wehten die Winde und stürmten gegen jenes Haus: da stürzte es ein, und sein Zusammensturz war gewaltig.« Als Jesus diese Rede beendet hatte, waren die Volksscharen über seine Lehre ganz betroffen; denn er lehrte sie wie einer, der (göttliche) Vollmacht hat, ganz anders als ihre Schriftgelehrten."

Weitere Bibelstellen:

Epheser 1,7 – Galater 5,1 – Römer 10,13 – Titus 3,5 – Galater 2,16 – Apostelgeschichte 2,38 – Johannes 3,18 – Hebräer 9,22 – Römer 3,28 – Römer 3,22 – Apostelgeschichte 4,12 – Johannes 11,25 – Johannes 5,24 – 1. Petrus 2,24 – Galater 3,26+27 – Philipper 1,6 – Johannes 8,32 – Offenbarung 1,8 – Römer 9,15 – 1. Timotheus 6,15 – Offenbarung 1,5 – Offenbarung 17,14 – Offenbarung 19,11-16 – Johannes 17,20-26 – Bibelstellen Taufe

*****

Ich glaube, dass Jesus wiederkommt, um die Gemeinschaft der Gläubigen zu sich zu holen. Ich glaube, dass Jesus in die Welt kam, um die Menschen zu befreien. Ich glaube, dass er in die Welt kam, um den Menschen vom Reich Gottes zu erzählen. Ich glaube, dass Gott sein Reich anfängt aufzubauen, und jeden Menschen aufruft, zu ihm umzukehren. Ich glaube, dass wir bereits hier auf der Erde, mit der Neugeburt, dem Reich Gottes zugehörig werden. Ich glaube, dass es nicht unsere Sache ist, Zeiten und Zeitpunkte zu kennen. Ich glaube, dass der Heilige Geist uns mit der Kraft des Himmels erfüllt, so dass wir überall von Gott, Jesus und dem Reich Gottes Zeugnis geben können. Ich glaube, dass Jesus lebt und er eines Tages zurückkommt, um Gericht zu halten. Ich glaube, dass in diesem Gericht alle gerettet werden, die Jesus als Retter und ihren Herrn (und König, in Unterordnung) angenommen haben. Ich glaube, dass Gott gutmütig und sanftmütig ist, dass er die Verheißung hinauszögert, damit noch viele Raum zur Umkehr haben. Ich glaube, dass jeder die Freiheit hat, für Gott zu entscheiden. Ich glaube, wie Jesus es gesagt hat, dass diejenigen, die die Rettung nicht annehmen, bereits jetzt schon verurteilt SIND.

Johannes 14,1-6:

„»Euer Herz erschrecke nicht! Vertrauet auf Gott und vertrauet auf mich! In meines Vaters Hause sind viele Wohnungen; wenn es nicht so wäre, hätte ich es euch gesagt; denn ich gehe hin, euch eine Stätte zu bereiten; und wenn ich hingegangen bin und euch eine Stätte bereitet habe, komme ich wieder und werde euch zu mir nehmen, damit da, wo ich bin, auch ihr seid. Und wohin ich gehe – den Weg dahin kennt ihr.« Da sagte Thomas zu ihm: »Herr, wir wissen nicht, wohin du gehst: wie sollten wir da den Weg kennen?« Jesus antwortete ihm: »Ich bin der Weg und die Wahrheit und das Leben; niemand kommt zum Vater außer durch mich.“

Matthäus 24,44:

„Deshalb haltet auch ihr euch bereit; denn der Menschensohn kommt zu einer Stunde, wo ihr es nicht vermutet.«“

Hebräer 10,24+25:

„Und laßt uns auch aufeinander achtgeben, um uns gegenseitig zur Liebe und zu guten Werken anzuregen, indem wir unsere Zusammenkünfte nicht versäumen, wie das bei etlichen Gewohnheit ist, sondern uns gegenseitig ermuntern, und zwar um so mehr, als ihr den Tag (der Wiederkunft Jesu) schon nahen seht.“

Offenbarung 22,20:

„Es spricht der, welcher dies bezeugt: »Ja, ich komme bald!« »Amen, komm, Herr Jesus!« Die Gnade des Herrn Jesus sei mit allen."

Johannes 3,17-20:

„Denn Gott hat seinen Sohn nicht dazu in die Welt gesandt, daß er die Welt richte, sondern daß die Welt durch ihn gerettet werde. Wer an ihn glaubt, wird nicht gerichtet; wer nicht (an ihn) glaubt, ist schon gerichtet, weil er nicht an den Namen des eingeborenen Sohnes Gottes geglaubt hat. Darin besteht aber das Gericht, daß das Licht in die Welt gekommen ist, die Menschen aber die Finsternis mehr geliebt haben als das Licht, denn ihre Werke waren böse. Denn jeder, der Nichtiges treibt, haßt das Licht und kommt nicht zum Licht, damit seine Werke nicht bloßgestellt werden; wer aber die Wahrheit tut, der kommt zum Licht, damit seine Werke offenbar werden, denn sie sind in Gott getan.«"

1. Korinther 6,9-12

„Wißt ihr nicht, daß keiner, der Unrecht tut, das Reich Gottes erben wird? Irret euch nicht! Weder Unzüchtige noch Götzendiener, weder Ehebrecher noch Lüstlinge und Knabenschänder, weder Diebe noch Betrüger, auch keine Trunkenbolde, keine Verleumder und Räuber werden das Reich Gottes erben. Und Leute solcher Art sind manche (von euch früher) gewesen. Doch ihr habt euch (in der Taufe) reinwaschen lassen, seid geheiligt worden, habt die Rechtfertigung erlangt durch den Namen des Herrn Jesus Christus und durch den Geist unsers Gottes. »Alles ist mir erlaubt!« – Ja, aber nicht alles ist zuträglich. »Alles ist mir erlaubt!« – Ja, aber ich darf mich nicht von irgend etwas beherrschen lassen."

Matthäus 7,21-29:

„»Nicht alle, die ›Herr, Herr‹ zu mir sagen, werden (darum schon) ins Himmelreich eingehen, sondern nur, wer den Willen meines himmlischen Vaters tut. Viele werden an jenem Tage zu mir sagen: ›Herr, Herr, haben wir nicht kraft deines Namens prophetisch geredet und kraft deines Namens böse Geister ausgetrieben und kraft deines Namens viele Wundertaten vollführt?‹ Aber dann werde ich ihnen erklären: ›Niemals habe ich euch gekannt; hinweg von mir, ihr Täter der Gesetzlosigkeit!‹ (Ps 6,9) Darum wird jeder, der diese meine Worte hört und nach ihnen tut, einem klugen Manne gleichen, der sein Haus auf Felsengrund gebaut hat. Da strömte der Platzregen herab, es kamen die Wasserströme, es wehten die Winde und stießen an jenes Haus; doch es stürzte nicht ein, denn es war auf den Felsen gegründet. Wer jedoch diese meine Worte hört und nicht nach ihnen tut, der gleicht einem törichten Manne, der sein Haus auf den Sand gebaut hat. Da strömte der Platzregen herab, es kamen die Wasserströme, es wehten die Winde und stürmten gegen jenes Haus: da stürzte es ein, und sein Zusammensturz war gewaltig.« Als Jesus diese Rede beendet hatte, waren die Volksscharen über seine Lehre ganz betroffen; denn er lehrte sie wie einer, der (göttliche) Vollmacht hat, ganz anders als ihre Schriftgelehrten."

2. Petrus 3,9+10:

„Der Herr ist mit der (Erfüllung seiner) Verheißung nicht säumig, wie manche Leute (in seinem Verhalten) eine Säumigkeit sehen, sondern er übt Langmut gegen euch, weil er nicht will, daß einige verlorengehen, sondern daß alle zur Buße gelangen. Kommen aber wird der Tag des Herrn wie ein

Dieb; an ihm werden die Himmel mit Krachen vergehen, die Elemente aber in der Flammenglut sich auflösen, und die Erde wird mit allen Menschenwerken, die auf ihr sind, in Feuer aufgehen."

Weitere Bibelstellen:

Lukas 12,32 – Matthäus 4,17 – Johannes 3,3-5, - Epheser 2,19+20 – Matthäus 24,42 – Lukas 10,2 – Offenbarung 22,12 – 1. Chronik 29,11 – 1. Petrus 4,7 – Offenbarung 1,8 – Apostelgeschichte 1,10+11 – Offenbarung 1,7 – Matthäus 7,15 – Philipper 1,6 – Epheser 4,30 – Johannes 12,26 – Matthäus 7,13+14 – Matthäus 13,24-30 – Matthäus 13,47-49 – Matthäus 25 – Matthäus 6,33 – Markus 1,15 – 2. Petrus 1,10+11 – Matthäus 5,10 – Offenbarung 20,6 – Kolosser 1,13+14 – Johannes 12,2 – Sprüche 11,8 – Hebräer 9,28 – Psalm 62,7 – 1. Petrus 1,8+9

*****

Ich glaube an die geistige, unsichtbare Welt. Ich glaube an die gute Seite Gottes und die böse Seite des Teufels. Ich glaube, dass die geistige Welt ihren Kampf um die Herzen/Seelen der Menschen führt, dass der Teufel viele mit ins Verderben reißen will. Ich glaube, dass Jesus vor rund 2000 Jahren diesem Kampf ein Ende bereitet hat. Ich glaube, dass er die dämonischen Mächte der Finsternis am Kreuz zur Schau gestellt hat! Ich glaube, dass ich, durch die Hingabe meines Lebens in Gottes Hand (als sein Eigentum, untergeordnet unter seine gewaltige Hand und den Herrn Jesus Christus) zur Siegerseite gehöre. Ich glaube, dass ich diesen Sieg nur noch verteidigen muss. Ich glaube, dass Gott Geist ist und diejenigen, die ihn lieben, ihn in Geist und Wahrheit anbeten. Ich glaube, dass ich geistlich kämpfen muss, um mir den Teufel erfolgreich vom Leib zu halten! Ich glaube, dass die neue Schöpfung eine aus dem Geist geborene Schöpfung ist."

2. Korinther 4,18:

„...weil wir den Blick nicht auf das Sichtbare, sondern auf das Unsichtbare richten; denn das Sichtbare ist zeitlich, das Unsichtbare aber bleibt ewig."

2. Korinther 3,17:

„Der Herr aber ist der Geist; wo aber der Geist des Herrn ist, da ist Freiheit."

1. Korinther 6,19-21:

„Oder wißt ihr nicht, daß euer Leib ein Tempel des in euch wohnenden heiligen Geistes ist, den ihr von Gott empfangen habt, und daß ihr (somit) nicht euch selbst gehört? Denn ihr seid teuer erkauft worden. Macht also Gott Ehre mit eurem Leibe!"

1. Petrus 5,6-9:

„Demütigt euch also unter die gewaltige Hand Gottes, damit er euch zu seiner Zeit erhöhe! Alle eure Sorge werft auf ihn, denn er sorgt für euch! Seid nüchtern, seid wachsam! Euer Widersacher, der Teufel, geht wie ein brüllender Löwe umher und sucht, wen er verschlingen kann! Dem leistet

Widerstand in Glaubensfestigkeit; ihr wißt ja, daß die gleichen Leiden euren Brüdern in der ganzen Welt auferlegt werden."

Jakobus 4,6+7:

„Um so reicher ist aber die Gnade, die er zuteilt. Darum heißt es (Spr 3,34): »Gott widersteht den Hoffärtigen, den Demütigen aber gibt er Gnade.« Unterwerft euch also Gott und widersteht dem Teufel, so wird er von euch fliehen."

Johannes 4,22-24:

„Ihr betet an, was ihr nicht kennt; wir beten an, was wir kennen; denn die Rettung ist aus den Juden. Es kommt aber die Stunde, ja, sie ist jetzt schon da, in der die wahren Anbeter den Vater im Geist und in Wahrheit anbeten werden; denn auch der Vater will solche als seine Anbeter haben. Gott ist Geist, und die ihn anbeten, müssen ihn im Geist und in Wahrheit anbeten.«"

Weitere Bibelstellen:

1. Johannes 4,13 – Galater 5,25 – 2. Timotheus 1,7 – Jesaja 61,1+2 – Römer 8,13+14 – 1. Korinther 3,16 – 1. Johannes 4,1 – 2. Korinther 5,17 – Römer 8,16 – Psalm 143,10 – Hesekiel 36,27 – 2. Korinther 3,18 – Römer 8,15 – 1. Mose 1,1+2 – Epheser 6,12-17 – Kolosser 2,15 – Offenbarung 3,10+11

*****

*Ich glaube, dass ich von Gott **nicht** mehr verurteilt werde im Gericht, **weil** Jesus verurteilt wurde (für mich!). Gott **hat** mich angenommen (weil Jesus zwischen ihm und mir steht)!*

Bibelstellen:

Römer 8,1+2 – Johannes 3,17 – Römer 14,8 – Römer 6,23 – Hebräer 2,17 – Johannes 1,11+12 – 1. Korinther 6,11 – Johannes 3,16 – 1. Korinther 5,21 – Psalm 139,13-16 – Lukas 15,2 – Römer 15,7 – 2. Mose 6,7 – Römer 14,4 – Jesaja 43,25 – Hebräer 10,17 – Jeremia 31,34 – Apostelgeschichte 13,38 – Hebräer 8,12 – Jeremia 33,8 – Psalm 32,1 – Apostelgeschichte 10,43 – Römer 4,8 – Hesekiel 18,22 – Hebräer 8,12 – Kolosser 2,14 – Kolosser 2 überhaupt.

*****

Ich glaube an den auferstandenen Jesus. Ich glaube, dass Jesus lebt und er direkt hier neben mir steht. Ich glaube, dass er physisch ist, mit einem verherrlichten Körper, sowie er sich den Jüngern und auch den beiden Jüngern von Emmaus gezeigt hat. Ich glaube, dass der Herr Jesus Essen und Trinken kann und dass er beim Vater ist, um uns eine Stätte zu bereiten. Ich glaube, dass er da ist, ich ihn nur nicht sehen kann. Ich glaube, dass er durch den Heiligen Geist mit mir kommuniziert, sowie es der Vater auch tut. Ich glaube, dass Jesus, der Vater, der Heilige Geist und das Wort eins sind. Ich glaube an einen/den lebendigen Gott. Ich glaube, dass Jesus schon von Anfang an da war. Am Anfang war das Wort und da Jesus das Wort ist, war Jesus schon da. Ich glaube, dass Jesus zu uns herabkam, um uns aus der Finsternis zu befreien!

Lukas 24,25-53:

„Da sagte er zu ihnen: »O ihr Gedankenlosen, wie ist doch euer Herz so träge, um an alles das zu glauben, was die Propheten verkündigt haben! 26 Mußte denn Christus dies nicht leiden und dann in seine Herrlichkeit eingehen?« Darauf fing er bei Mose und allen Propheten an und legte ihnen alle Schriftstellen aus, die sich auf ihn bezogen. So kamen sie in die Nähe des Dorfes, wohin die Wanderung ging, und er tat so, als wollte er weiterwandern. Da nötigten sie ihn mit den Worten: »Bleibe bei uns, denn es will Abend werden, und der Tag hat sich schon geneigt!« So trat er denn ein, um bei ihnen zu bleiben. Als er sich hierauf mit ihnen zu Tisch gesetzt hatte, nahm er das Brot, sprach den Lobpreis (Gottes), brach das Brot und gab es ihnen: da gingen ihnen die Augen auf, und sie erkannten ihn; doch er entschwand ihren Blicken. Da sagten sie zueinander: »Brannte nicht unser Herz in uns, als er unterwegs mit uns redete und uns den Sinn der Schriftstellen erschloß?« Und sie machten sich noch in derselben Stunde auf, kehrten nach Jerusalem zurück und fanden dort die Elf nebst ihren Genossen versammelt; diese teilten ihnen mit: »Der Herr ist wirklich auferweckt worden und ist dem Simon erschienen!« Da erzählten auch sie, was sich unterwegs zugetragen hatte und wie er von ihnen am Brechen des Brotes erkannt worden war. Während sie hierüber noch sprachen, trat Jesus selbst mitten unter sie mit den Worten: »Friede sei mit euch!« Da gerieten sie in Angst und Furcht und meinten, einen Geist zu sehen. Doch er sagte zu ihnen: »Was seid ihr so bestürzt, und warum steigen Zweifel in euren Herzen auf? Seht meine Hände und meine Füße an, daß ich es leibhaftig bin! Betastet mich und beschaut mich; ein Geist hat ja doch kein Fleisch und keine Knochen, wie ihr solche an mir wahrnehmt.« Nach diesen Worten zeigte er ihnen seine Hände und Füße. Als sie aber vor Freude immer noch ungläubig und voll Verwunderung waren, fragte er sie: »Habt ihr hier nicht etwas zu essen?« Da reichten sie ihm ein Stück von einem gebratenen Fisch; 43 das nahm er und aß es vor ihren Augen. Dann sagte er zu ihnen: »Dies besagen meine Worte, die ich zu euch gesprochen habe, als ich noch bei euch war: es müsse alles in Erfüllung gehen, was im mosaischen Gesetz, bei den Propheten und in den Psalmen über mich geschrieben steht.« Hierauf erschloß er ihnen den Sinn für das Verständnis der Schriften und sagte zu ihnen: »So steht geschrieben: Christus muß leiden und am dritten Tage von den Toten auferstehen, und auf Grund seines Namens muß Buße zur Vergebung der Sünden bei allen Völkern gepredigt werden, zuerst aber in Jerusalem. Ihr seid die Zeugen hierfür. Und wisset wohl: Ich sende das Verheißungsgut meines Vaters auf euch herab; ihr aber bleibt hier in der Stadt, bis ihr mit Kraft aus der Höhe ausgerüstet worden seid!« Hierauf führte er sie (aus der Stadt) hinaus bis in die Nähe von Bethanien, erhob dann seine Hände und segnete sie; und es begab sich: während er sie segnete, schied er von ihnen und wurde in den Himmel emporgehoben. Und sie warfen sich anbetend vor ihm nieder und kehrten hocherfreut nach Jerusalem zurück und hielten sich beständig im Tempel auf und priesen Gott.“

Weitere Bibelstellen:

Philipper 3,20 – 1. Korinther 15,19+20 – Johannes 11,25+26 – 1. Johannes 5,4 – Epheser 2,19 – Epheser 2,12 – 1. Petrus 2,11 – Offenbarung 3,11 – Matthäus 6,10 – Hebräer 12,2 – 2. Korinther 11,14 – Lukas 17,20+21 – Lukas 21,33 – Lukas 21,25+26 – Johannes 3,31-36 – Johannes 6,37+38 – Johannes 6,46 – Johannes 12,31 – Johannes 12,47-50 – Johannes 11,25-27 – Johannes 10,10 – Johannes 13,3

Platz für deine Notizen

Teil meines Glaubens – für dich, als Inspiration…

Hier habe ich dir einige Aufzeichnungen aus meinen Notizen, mit Bibelstellen, angeführt. Mögen sie dich segnen. Ich habe immer **eine** Bibelstelle abgedruckt, **weitere** nur ergänzt. Schlage sie am besten selbst nach und lasse dich vom Heiligen Geist lehren.

*****

Ich glaube, dass Gott, mein Vater, mich bewahrt, dass eine Versuchung des Feindes nicht gelingen kann. Der Feind kann mich nicht ins Verderben ziehen. Ich glaube, dass ich zu jeder Prüfung bereits den Ausweg für den geistliche Kampf habe. Ich glaube, dass ich Überwinder bin, durch Christus, der in mir lebt! Ich glaube, dass Gott größer ist als alles und sich unter dem Namen Jesu alle Knie beugen müssen. Gott ist größer als alles Negative, was der Feind meint, mir anhaben zu können!

1. Korinther 10,1-16:

„Es hat euch (bisher) noch keine andere als menschliche Versuchung betroffen; und Gott ist treu: er wird nicht zulassen, daß ihr über euer Vermögen hinaus versucht werdet, sondern wird zugleich mit der Versuchung auch einen solchen Ausgang schaffen, daß ihr sie bestehen könnt. Darum, meine Geliebten, fliehet vor dem Götzendienst! Ich rede ja doch zu euch als zu verständigen Leuten: urteilt selbst über das, was ich sage! Der Kelch des Segens, den wir segnen: ist er nicht die Gemeinschaft mit dem Blute Christi? Das Brot, das wir brechen: ist es nicht die Gemeinschaft mit dem Leibe Christi?"

Weitere Bibelstellen:

2. Petrus 2,9+10 – Römer 14,4 – Epheser 6,11 – Psalm 32,7 – 5. Mose 31,6 – Jesaja 54,17 – 2. Mose 14,14 – Philipper 4,13 – Nahum 1,7 – Matthäus 6,13 – Sprüche 2,7 – Johannes 13,33 – Römer 8,37 – 1. Johannes 4,4 – Offenbarung 2,7+17+26 – Offenbarung 3,5+12+21 – Offenbarung 12,11 – 1. Johannes 5,4+5 – Johannes 10,28-30 – Römer 8,29-39 – Epheser 1,13 – Epheser 4,30 – Hebräer 7,25 – Philipper 2,10 – 2. Thessalonicher 3,3 – Epheser 6,13

*****

Ich glaube, dass Gott als Vater ein persönliches Verhältnis zu mir will. Gott als mein Vater ist liebevoll, aufmerksam, verantwortungsbewusst, treu, gerecht, fürsorglich, mitteilend und vieles, vieles mehr. Ich glaube, dass ich durch das Blut Jesu gerecht geworden bin und Gott mich jetzt freundlich ansieht, auch wenn er mich mal streng erzieht, so ist er dennoch liebevoll. Ich glaube, wie geschrieben steht, dass durch den Glauben an Jesus und die Neugeburt ein Kind Gottes, und nach der Verheißung Erbe geworden bin. Ich glaube, dass ich in Abrahams Segen eingetreten bin."

Jeremia 29,4-14:

„»So spricht der HERR der Heerscharen, der Gott Israels, zu allen Verbannten, die ich aus Jerusalem nach Babylon habe wegführen lassen: ›Baut Häuser und wohnt in ihnen! Legt Gärten an und genießt ihre Früchte! Nehmt euch Frauen und zeugt Söhne und Töchter! Nehmt auch für eure Söhne Frauen und verheiratet eure Töchter an Männer, damit sie Mütter von Söhnen und Töchtern werden und ihr euch dort vermehrt und an Zahl nicht abnehmt! Bemüht euch um die Wohlfahrt der Stadt, wohin ich euch in die Verbannung habe führen lassen, und betet für sie zum HERRN, denn auf seiner Wohlfahrt beruht euer eigenes Wohl.‹ Denn so spricht der HERR der Heerscharen, der Gott Israels: ›Laßt euch von euren Propheten, die in eurer Mitte leben, und von euren Wahrsagern nicht täuschen und schenkt auch euren Träumen, die ihr euch träumen laßt, keinen Glauben! Denn Lügen sind es, die sie euch in meinem Namen weissagen: ich habe sie nicht gesandt‹ – so lautet der Ausspruch des HERRN. Vielmehr, so spricht der HERR: ›Erst wenn volle siebzig Jahre für Babylon vergangen sind, werde ich mich euer wieder annehmen und meine Glücksverheißung an euch in Erfüllung gehen lassen, daß ich euch an diesen Ort zurückbringe. Denn ich weiß wohl, was für Gedanken ich gegen euch hege‹ – so lautet der Ausspruch des HERRN –, ›nämlich Gedanken des Heils und nicht des Leids, euch eine Zukunft und Hoffnung zu gewähren. Wenn ihr mich alsdann anruft, so will ich euch antworten, und wenn ihr zu mir betet, will ich euch erhören, und wenn ihr mich sucht, werdet ihr mich finden; ja, wenn ihr dann von ganzem Herzen Verlangen nach mir tragt, so will ich mich von euch finden lassen‹ – so lautet der Ausspruch des HERRN – ›und will euer Schicksal wenden und euch aus allen Völkern und von allen Orten her sammeln, wohin ich euch verstoßen habe‹ – so lautet der Ausspruch des HERRN –, ›und will euch an den Ort zurückbringen, von wo ich euch habe wegführen lassen!‹«"

Weitere Bibelstellen:

Johannes 3,16 – Römer 5,8 – Römer 8,34 – 1. Johannes 4,13 – Matthäus 6,5-8 – Matthäus 6,33 – 1. Johannes 4,19-21 – Römer 8,1+2 – Römer 11,27 – Hebräer 10,17+18 – Jeremia 31,34 – Hebräer 4,16 – Epheser 2,4+5 – 2. Chronik 30,9 – Psalm 90,17 – Psalm 23,6 – Psalm 4,12 – Nehemia 9,31 – 2. Thessalonicher 3,3 – 5. Mose 31,8 – 1. Chronik 16,34 – Psalm 33,18 – Psalm 86,5 – Psalm 37,28 – 1. Thessalonicher 5,24 – Jakobus 1,17

*****

Ich glaube, dass mich Gott bewahrt. Ich glaube, dass ich unter seinem Schutz bin. Ich glaube, dass es wichtig ist, auf seinem Weg zu bleiben und keine gemeinsame Sache mit dem Teufel zu machen. Ich glaube, dass mir gemeinsame Sache, mit dem Teufel immer persönlich schaden wird. Ich glaube, dass Gott mich auf meinen Wegen bewahrt.

Psalm 32,7:

„Du bist mir ein Schirm, bewahrst mich vor Unheil: mit Rettungsjubel du wirst mich umgeben. SELA."

Weitere Bibelstellen zu Bewahrung:

Hebräer 16,3 – Jesaja 54,17 – Psalm 18,36+37 – Psalm 46,2 – Psalm 16,1 – 2. Mose 14,14 – 5. Mose 31,36+37 – 5. Mose 31,6 – Psalm 118,6 – Psalm 119,114 – Philipper 4,13 – Jesaja 46,4 – Psalm 18,31 – Psalm 57,17 – Psalm 3,4 – Römer 8,31 (Gott ist für mich!) – Psalm 118,8 – Sprüche 18,10 (!) – Psalm 40,2 – 2. Samuel 22,31+32 – Psalm 34,23 – Nahum 1,7 – Römer 10,11 – 2. Timotheus 4,18 – Psalm 40,12 – Sprüche 2,7+8 – Offenbarung 7,16+18 – Psalm 62,7 – Epheser 6,13 – Psalm 41,3 (!) – Psalm 9,11 – Psalm 91 – Psalm 23 – Psalm 121 – Psalm37 – 2. Thessalonicher 3,3 (!) – Offenbarung 3,10 (!) – Psalm 37,28 – Psalm 121,3 (!) – Psalm 55,23 (!) – Jakobus 1,17

*****

Ich glaube, dass von Gott nur Gutes kommt! Ich glaube, dass es bei Gott keinen Wechsel von Schatten und Licht gibt. Ich glaube, dass in Gott und seinen Zusagen das Ja und das Amen (so ist es) liegt. Ich glaube, dass es bei Gott keine Veränderung gibt und er sein Wort hält, weil er nicht lügen kann.

Psalm 33,4+5:

„Denn des HERRN Wort ist wahrhaftig, und was er zusagt, das hält er gewiss. Er liebt Gerechtigkeit und Recht; die Erde ist voll der Güte des HERRN."

Weitere Bibelstellen:

1. Korinther 1,8+9 – Hebräer 11,11 – 1. Thessalonicher 5,24 – Hebräer 10,23 – Jakobus 1,17 – 2. Korinther 1,20+21 – Jesaja 60,1 – Johannes 8,12 – 1. Johannes 1,5 – Epheser 1,18 – 2. Korinther 6,14 – Psalm 19,9

*****

Ich glaube, dass Gott mir nicht einen Stein oder einen Skorpion gibt, wenn ich ihn um etwas Gutes bitte! Ich glaube, dass ich durch das Erlösungswerk gesegnet wurde und gesegnet bin, weil Jesus den Fluch, für mich, getragen hat! Ich glaube, dass Saat und Ernte (hier auf der Erde) nie aufhören wird, bis ich im ewigen Leben bin. Ich glaube, wenn ich Gott um Weisheit und Erkenntnis bitte, wird er sie mir auch geben. Ich glaube, wenn ich ihn und seine Wahrheit von Herzen suche, werde ich Leben empfangen/lebendig sein. Ich glaube, dass jeder Lohn empfangen wird, gemäß seinen Werken und das Werk eines jeden von Jesus im Feuer geprüft werden wird, ob es Bestand hat. Ichglaube, dass dies unabhängig von meiner Errettung ist, denn diese gründet sich nicht auf meine Werke, sondern auf das, was allein Jesus getan hat.

Lukas 18,1-8:

„Er sagte ihnen aber ein Gleichnis davon, dass man allezeit beten und nicht nachlassen sollte, und sprach: Es war ein Richter in einer Stadt, der fürchtete sich nicht vor Gott und scheute sich vor keinem Menschen. Es war aber eine Witwe in derselben Stadt, die kam immer wieder zu ihm und sprach: Schaffe mir Recht gegen meinen Widersacher! Und er wollte lange nicht. Danach aber dachte er bei sich selbst: Wenn ich mich schon vor Gott nicht fürchte noch vor keinem Menschen scheue, will ich doch dieser Witwe, weil sie mir so viel Mühe macht, Recht schaffen, damit sie nicht zuletzt komme und mir ins Gesicht schlage. Da sprach der Herr: Hört, was der ungerechte Richter sagt! Sollte Gott nicht auch Recht schaffen seinen Auserwählten, die zu ihm Tag und Nacht rufen, und sollte er bei ihnen lange warten? Ich sage euch: Er wird ihnen Recht schaffen in Kürze. Doch wenn der Menschensohn kommen wird, wird er dann Glauben finden auf Erden?"

Weitere Bibelstellen:

2. Chronik 15,2 – Johannes 15,7+8 – Galater 3,13+14 – 1. Mose 8,22 – Amos 5,4 – Jakobus 1,5 – 2. Petrus 1,4 – Epheser 2,9 – Römer 3,20 – Kolosser 3,23+24 – Römer 2,6 – Galater 6,9

Ernte, bereits hier in der Welt...

Galater 3,13+14 – Segnungen aus 5. Mose 28 wegen des Gehorsams von Jesus (Hinweis: Arbeitsheft „Der Segen Gottes für seine Kinder") – Sprüche 3,3+4 – Galater 6,9 – Matthäus 6,2 – 1. Korinther 2,9 – Sprüche 22,4 – 5. Mose 5,33 – Lukas 6,38 – Matthäus 7,7 – Hebräer 11,1+6 – Lukas 12 – Matthäus 6,6 – Sprüche 11,18 – Matthäus 6,33 – 1. Petrus 5,6 – Amos 5,14 – Jakobus 4,10 – Johannes 15,5 – 2. Petrus 1,4

Ernte, im ewigen Leben...

2. Petrus 1,10+11 – Kolosser 3,23+24 – Römer 2,6 – 1. Korinther 15,58 – Galater 6,9 – Jakobus 1,12 (Krone) – 1. Korinther 2,9 – Matthäus 6,2 – Jeremia 17,9+10 – Offenbarung 3,11 – 2. Korinther 4,17 – Offenbarung 3,21 – 2. Johannes 1,8 – 2. Timotheus 4,7+8

*****

Ich glaube, dass das Kreuz/Joch, das Jesus uns zum Tragen gegeben hat, leicht ist. Ich glaube, dass es leicht ist, seine Gebote zu halten, weil er es gesagt hat! Ich glaube, dass die wirkliche Last, die Last meiner verdorbenen, sündigen, Natur, die ganze Schuld, schwer war (und immer noch ist, wenn ich weiter in ihr wandeln will). Diese hat Jesus auf sich genommen! Ich muss es nicht selbst tragen! Ich glaube, wenn ich mir einrede, dass die Last schwer ist, dann wird sie auch schwer sein (s. Hiob 3,25+26).

Matthäus 11,28-30:

„Kommt her zu mir, alle, die ihr mühselig und beladen seid; ich will euch erquicken. Nehmt auf euch mein Joch und lernt von mir; denn ich bin sanftmütig und von Herzen demütig; so werdet ihr Ruhe finden für eure Seelen. Denn mein Joch ist sanft, und meine Last ist leicht."

Weitere Bibelstellen:

1. Johannes 5,2-5 – 2. Korinther 4,17 – Markus 8,34+35 – Lukas 9,23-27 – Lukas 10,19 – 1. Petrus 2,24 – Hebräer 12,2 – Jesaja 53,3-5 – 1. Korinther 1,18 – Galater 2,20 – Matthäus 10,38

*****

Ich glaube, dass ich Gott nicht vergessen darf, wenn er mich reich gesegnet hat. Ich will immer darauf achtgeben, dass er meine Nr. 1 bleibt!

5. Mose 6,10-13:

„»Auch wenn der HERR, dein Gott, dich in das Land bringen wird, das er dir, wie er deinen Vätern Abraham, Isaak und Jakob zugeschworen hat, zu eigen geben will, große und schöne Städte, die du nicht gebaut hast, und Häuser, angefüllt mit Gütern jeder Art, die du nicht angefüllt hast, in Fels gehauene Brunnen, die du nicht ausgehauen hast, Weinberge und Olivengärten, die du nicht angelegt hast, und du dich dann satt daran ißt: so hüte dich wohl, den HERRN zu vergessen, der dich aus dem Lande Ägypten, aus dem Hause der Knechtschaft, ausgeführt hat! Den HERRN, deinen Gott, sollst du fürchten und ihm dienen und bei seinem Namen schwören."

Weitere Bibelstellen:

2. Korinther 9,10 – Galater 6,9 – Matthäus 6,26

*****

Ich glaube, dass mit dem Evangelium nur Gutes zu uns gekommen ist. Ich glaube, dass die gute Nachricht wirklich eine gute Nachricht war/ist und ich jetzt errettet bin und wieder Frieden mit Gott habe, mit allem, was dazugehört.

Römer 15,29:

„Ich weiß aber, daß, wenn ich zu euch komme, ich euch eine Fülle des Segens Christi mitbringen werde."

Weitere Bibelstellen:

Johannes 10,10 – Johannes 1,14-16 – Jeremia 29,11 – Matthäus 6,33 – Römer 15,13 – Jesaja 58,11 – Epheser 2,8+9 – Sprüche 3,5+6 – Johannes 8,32 – 1. Timotheus 6,18+19 – Epheser 3,16+17 – Psalm 23 – Psalm 91 – Römer 15,13 – Johannes 11,40

*****

Ich glaube, dass Gott das Nichtseiende ruft, dass es sei. Ich glaube, dass Abraham solchen Glauben hatte, dass er der Verheißung Gottes glaubte. Hätte er seinen Sohn geopfert, Gott hätte ihn wieder aus den Toten auferweckt. Das glaubte er und das wurde ihm zur Gerechtigkeit angerechnet. Ich glaube, dass Abraham Gottes Zusage mehr Glauben schenkte als den scheinbaren Umständen. Abraham glaubte, dass Gott ins Dasein rufen kann, was (noch) nicht da ist. Ich glaube, dass Gott das ruft, was (noch) nicht ist, dass es wird. Ich glaube an seine Verheißungen für mich und an das, was Jesus mir gesagt und gezeigt hat.

Römer 4,17 – Menge-Bibel:

„...nach dem Schriftwort (1.Mose 17,5): »Zum Vater vieler Völker habe ich dich gesetzt« – vor dem Gott, dem er geglaubt hat als dem, welcher die Toten lebendig macht und das noch nicht Vorhandene benennt, als wäre es schon vorhanden."

Römer 4,17 – Schl.2000:

„...wie geschrieben steht: »Ich habe dich zum Vater vieler Völker gemacht«, vor Gott, dem er glaubte, der die Toten lebendig macht und dem ruft, was nicht ist, als wäre es da."

Weitere Bibelstellen:

Markus 11,24 – Matthäus 3,9 – 1. Mose 1 – Hebräer 11,1 – Hebräer 11,6 – 2. Korinther 5,7 – Jakobus 1,6 – Johannes 11,40 – Markus 9,23 – Matthäus 21,21 – Johannes 6,35 – Psalm 119,30 – Matthäus 17,20 – Johannes 7,38 – Hebräer 11,11 – Kolosser 2,2

3,16+17 – Psalm 23 – Psalm 91 – Römer 15,13 – Johannes 11,40

*****

Ich glaube, wer halsstarrig, bockig, jammernd, ungehorsam, eigensinnig, dickköpfig, widerspenstig, unnachgiebig usw. ist, wird keine Ruhe in seinem Herzen haben! Der Segen wird nicht auf seinem Weg sein.

Sprüche 4,7:

„Mit dem besten Teil deiner Habe erwirb dir Weisheit, und um den Preis deines ganzen Vermögens verschaffe dir Einsicht!"

Weitere Bibelstellen:

Habakuk 2,4 – Johannes 14,27 – Sprüche 21,2 – Matthäus 7,24 – Sprüche 11,2 – Sprüche 8,35 – Sprüche 18,2 – Sprüche 13,3 – Psalm 119,130 – Sprüche 19,8 – 1. Johannes 5,20 – Amos 5,14

*****

Ich glaube, dass nur Jesus mir den Sieg über die Finsternis schenken konnte. Ich glaube, dass meine Aufgabe darin besteht, den Lauf bis zum Ende durchzuhalten und mir den Sieg nicht stehlen zu lassen. Ich glaube, wenn ich meine Berufung und meine Erwählung fest mache, werde ich niemals straucheln, und so wird mir der Eingang in das ewige Reich unseres Herrn und Heilands Jesus Christus gewährt werden.

Offenbarung 3,11-13:

„Ich komme bald: halte fest, was du hast, damit niemand dir deine Krone raube! Wer da überwindet, den werde ich zu einer Säule im Tempel meines Gottes machen, und er wird seinen Platz dort nie wieder verlieren, und ich werde auf ihn den Namen meines Gottes schreiben und den Namen der Stadt meines Gottes, des neuen Jerusalem, das aus dem Himmel von meinem Gott herabkommt (21,2), und auch meinen neuen Namen. Wer ein Ohr hat, der höre, was der Geist den Gemeinden sagt.«"

Weitere Bibelstellen:

Hebräer 10,24+25 – Hebräer 3,14 – 1. Korinther 15,58 – Psalm 32,8 – Psalm 31,25 – Galater 5,1 – Psalm 37,23 – 2. Petrus 1,10+11 – 2. Timotheus 4,7+8 – Hebräer 12,12+13 – Hebräer 12,22-25 – Psalm 121,3-5 – Kolosser 1,21-23 – Josua 1,5 – Judas 24+25 – 1. Korinther 16,13 – Römer 12,9 – Psalm 16,8 – 1. Korinther 1,10 – 1. Korinther 15,1+2 – Psalm 40,12 – 1. Johannes 2,24 – Apostelgeschichte 2,42 – Psalm 18,36+37 – Micha 7,18 – Psalm 119,133 – 2. Timotheus 4,7+8.

*****

Ich glaube, dass ich als Mensch für Gott wertvoll war/bin, auch wenn ich durch die Sünde keine Gemeinschaft mehr mit Gott haben konnte. Ich glaube, dass Gott mich so sehr geliebt hat, dass er selbst in seine (eigene) Schöpfung kam, um dem Teufel die Herrschaft über mich abzunehmen. Ich glaube, dass Jesus bereits vor seiner 1. Wiederkunft existierte. Ich glaube, dass er bereits bei Gott war, bevor er zu uns kam, um uns freizukaufen/auszulösen.

Matthäus 10,29-33:

„Kosten nicht zwei Sperlinge beim Einkauf nur ein paar Pfennige? Und doch fällt keiner von ihnen auf die Erde ohne den Willen eures Vaters. Bei euch aber sind auch die Haare auf dem Haupte alle gezählt. Darum fürchtet euch nicht! Ihr seid mehr wert als viele Sperlinge. – Jeder nun, der sich vor den Menschen zu mir bekennt, zu dem werde auch ich mich vor meinem himmlischen Vater bekennen; wer mich aber vor den Menschen verleugnet, den werde auch ich vor meinem himmlischen Vater verleugnen.«"

Weitere Bibelstellen:

Jeremia 29,11 – Lukas 12,7 – Matthäus 10,30 – Johannes 3,16-18 – Kolosser 1,21+22 – Jesaja 43,4 – 1. Johannes 5,4 – Psalm 139,4 – Jesaja 43,4 – Psalm 139,14 – 5. Mose 32,10

*****

Ich glaube, dass der Name Jesus über allem steht und sich vor dem Namen Jesus alle Knie beugen müssen. Ich glaube, dass der Teufel mir nichts anhaben kann. Jesus wohnt in mir, der Heilige Geist lebt in mir, die Dämonen zittern vor ihm.

Lukas 10,19:

„Ihr wißt: ich habe euch die Macht verliehen, auf Schlangen und Skorpione zu treten (Ps 91,13), und Macht über das ganze Heer des Widersachers, und keinen Schaden wird er euch irgendwie zufügen können."

Weitere Bibelstellen:

Psalm 91,13 – 1. Johannes 5,4 – Jakobus 4,7 – 2. Korinther 5,17 – Philipper 2,9-11 – Matthäus 21,23-27 – Markus 11,27-33 – 2. Korinther 10,3-6 – Epheser 6

*****

Ich glaube, dass Gott in mir alles neu gemacht hat. Ich glaube, dass ich durch und in Christus eine neue Schöpfung geworden bin! Ich habe ein neues Herz bekommen. Ich habe den Heiligen Geist als Anzahlung auf das ewige Leben bekommen. Der Heilige Geist wohnt in mir! Er führt mich in alle Wahrheit! Ich glaube, dass ich selbst nichts hierfür getan habe. Es ist allein Gottes Werk und Gnade!

2. Korinther 5,17-21:

„Wenn also jemand in Christus ist, so ist er eine neue Schöpfung: das Alte ist vergangen, siehe, ein Neues ist entstanden! Das alles ist aber das Werk Gottes, der uns durch Christus mit sich versöhnt hat und uns (Aposteln) den Dienst der Versöhnung übertragen hat. Denn (so steht es:) Gott war in Christus und hat die Welt mit sich versöhnt, indem er ihnen ihre Übertretungen nicht anrechnete und in uns das Wort von der Versöhnung niedergelegt hat. Für Christus also reden wir als seine Gesandten, da ja Gott durch uns ermahnt; wir bitten für Christus: »Laßt euch mit Gott versöhnen!« Er hat den, der Sünde nicht kannte, für uns zur Sünde gemacht, damit wir in ihm Gottes Gerechtigkeit würden."

Weitere Bibelstellen:

Psalm 103,1-5 – Psalm 92,5 – 2. Korinther 10,3-6 – 1. Korinther 5,17 – Johannes 16,13 – Johannes 3,3 – Hesekiel 36,26 – Epheser 1,13+14 – 2. Korinther 1,21+22 – 1. Johannes 2,24+27 – Epheser 4,30 – 2. Korinther 5,5 – Johannes 6,27.

*****

Ich glaube, wenn ich zuerst nach dem Reich Gottes und seiner Gerechtigkeit trachte (durch das Blut Jesu bin ich vor Gott gerecht geworden), wird mir alles andere hinzugefügt werden. Ich glaube, dass ich mir keine Sorgen mehr machen muss. Gott hat alles im Griff! Ich glaube, dass ich mich nicht sorgen muss, weil in jeglicher Not für mich gesorgt ist. Am Kreuz ist Jesus jeglicher Not begegnet. Er hat alles am Kreuz aus der Welt geschafft.

Matthäus 6,33+34:

„Nein, trachtet zuerst nach dem Reiche Gottes und nach seiner Gerechtigkeit, dann wird euch all das andere obendrein gegeben werden. Macht euch also keine Sorgen um den morgenden Tag! Denn der morgende Tag wird seine eigenen Sorgen haben; jeder Tag hat an seiner eigenen Mühsal genug.«"

Weitere Bibelstellen:

Lukas 12,22-31 – Galater 3,13+14 – Philipper 4,6+7 – Jesaja 41,10 – 1. Petrus 5,7 – Johannes 14,1 – Johannes 14,27 – Sprüche 12,25 – 2. Korinther 9,8 – Psalm 55,23.

*****

Ich glaube, dass es wichtig ist, Gott dabei zu helfen, sein Haus (den Leib Christi) zu bauen, nach dem zu trachten, was droben ist. Ich glaube, dass es besser ist, mir Schätze im Himmel zu sammeln. Ich glaube, wenn ich mich zuerst um ihn und seine Anliegen kümmere, wird er mir alles hier auf der Erde geben, was ich brauche und was mein Herz erfreut. Im Himmel bin ich reich! Im Geist bin ich reich! Im Himmel bin ich gesund! Im Geist bin ich gesund! Ich glaube, dass wie Jesus ist, wir hier in der Welt sind. Ich glaube, dass ich für meine Werke (hier auf der Erde) einen Lohn im Himmel bekommen werde.

Haggai 1,4-10:

„»Ist es etwa für euch selbst an der Zeit, in euren getäfelten Häusern zu wohnen, während dieses Haus in Trümmern daliegt?« »Und nun« – so spricht der HERR der Heerscharen – »achtet wohl darauf, wie es euch bisher ergangen ist! Ihr habt reichlich ausgesät, aber kärglich eingebracht; ihr habt wohl zu essen, aber es reicht nicht zum Sattwerden; ihr trinkt und stillt doch den Durst nicht; ihr habt wohl etwas zum Anziehen, aber keiner wird recht warm davon; und wer um Lohn arbeitet, der sammelt den Lohn in einen löcherigen Beutel.« So spricht der HERR der Heerscharen: »Achtet wohl darauf, wie es euch bisher ergangen ist! Steigt ins Gebirge hinauf, schafft Holz herbei und bauet den Tempel wieder auf, damit ich meine Freude daran habe und mich in meiner Herrlichkeit zeige! – so spricht der HERR. Ihr hattet auf viel gerechnet, aber es wurde wenig daraus; und wenn ihr das eingebracht hattet, so blies ich es weg. Warum das?« – so lautet der Ausspruch des HERRN der Heerscharen. »Um meines Hauses willen, das in Trümmern daliegt, während ein jeder von euch an seinem eigenen Hause seine Freude hat. Darum hat der Himmel seinen Tau über euch zurückgehalten und die Erde euch ihren Ertrag versagt; und ich habe Dürre über das Land kommen lassen und über die Berge, über das Getreide, den Most und das Öl, kurz über alles, was der Erdboden hervorbringt, auch über die Menschen und das Vieh und über allen Ertrag der Hände.«“

Weitere Bibelstellen:

Lukas 12,16-21 – Matthäus 6,19-21 – Matthäus 6,10 – Kolosser 3,2.

*****

Ich glaube, dass Gott Segen in mein Leben gebietet. Ich glaube, dass Gott zur rechten Zeit Regen schickt. Ich glaube, dass damit auch Segen (für mein Leben hier) gemeint ist. Ich glaube, dass der Segen fernbleibt, wenn ich ihn nicht begehre. Ich glaube, dass Gott mich segnen will, ihm zur Ehre, mir zum Segen. Ich glaube, dass er die Fenster des Himmels öffnet. Ich glaube, dass er mir alles zum Besten dienen lässt, weil ich ihn liebe und weil ich durch das, was Jesus getan hat, sein Kind geworden bin.

Psalm 109,17:

„Er liebte den Fluch: so treffe er ihn! Er hatte am Segen keine Freude: so bleib' er ihm fern!“

Weitere Bibelstellen:

5. Mose 28,8 – Psalm 37 – Psalm 23,5 – Sprüche 16,3 – Psalm 25,15 – Psalm 130,5+6 – Psalm 55,23 – Micha 7,7 – Römer 4,17 – Römer 8,28 – Maleachi 3,10

*****

Ich glaube, dass Gott uns alle gleichermaßen liebt und niemand Liebes-Pluspunkte durch „gutes Verhalten" sammeln kann. Durch Jesus und seine Tat bin ich angenommen. Ich glaube, dass das Wort Gottes ein Same ist, der gepflanzt wird und Frucht bringt, zu seiner Zeit. Zuerst den Halm, dann die Ähre, dann der volle Weizen in der Ähre. Die Ernte lässt sich nicht vermeiden. Ich halte daran fest, egal wie die Umstände sind.

Markus 4,26-29:

„Er fuhr dann fort: »Mit dem Reiche Gottes verhält es sich so, wie wenn jemand den Samen auf das Land wirft und dann schläft und aufsteht in der Nacht und bei Tag; und der Same sproßt und wächst hoch, ohne daß er selbst etwas davon weiß. Von selbst bringt die Erde Frucht hervor, zuerst die grünen Halme, dann die Ähren, dann den vollen Weizen in den Ähren. Wenn aber die Frucht es zuläßt, legt er sofort die Sichel an; denn die Ernte ist da.«"

Weitere Bibelstellen:

2. Korinther 9,10 – Galater 6,9 – Galater 6,7 – Sprüche 3,9 – 3. Mose 26,3+4 – Matthäus 6,26 – 2. Korinther 9,6 – Jeremia 17,7+8 – Psalm 20,5 – Philipper 4,19 – Sprüche 10,22

*****

Ich glaube, dass ich achtsam und wachsam sein muss. Ich glaube, dass es viele Irrlehrer gibt, die falsche Wahrheit verkünden. Ich glaube, dass es Lehrer gibt, die verhindern wollen, dass Menschen gerettet werden, weil sie selbst Anwärter für die Hölle und blind sind.

1. Timotheus 4,1-5:

„Der Geist aber kündigt ausdrücklich an, daß in späteren Zeiten manche vom Glauben abfallen werden, weil sie sich irreführenden Geistern und Lehren, die von Dämonen herrühren, zuwenden, verführt durch das heuchlerische Gebaren von Lügenrednern, die das Brandmal der Schuld im eigenen Gewissen tragen. Es sind dies Leute, die das Heiraten verbieten und Enthaltsamkeit von Speisen (gebieten), welche Gott doch dazu geschaffen hat, daß die Gläubigen und alle, welche die Wahrheit erkannt haben, sie mit Danksagung genießen sollen. Denn alles von Gott Geschaffene ist gut, und nichts (davon) ist verwerflich, wenn man es mit Danksagung hinnimmt; es wird ja durch das Wort Gottes und durch Gebet geheiligt."

Weitere Bibelstellen:

Kolosser 2,20-23 – 1. Petrus 5,8+9 – Matthäus 24,4+5 – Markus 8,15 – Römer 16,17 – 1. Korinther 16,13 – Markus 14,38 – Lukas 17,1-3 – 1. Korinther 10,12 – Galater 6,1 – Hebräer 2,1

– Hebräer 12,25 – Markus 13,33 – Lukas 21,36 – 1. Petrus 4,7 – Matthäus 4,7 – Matthäus 24,42-44 – Matthäus 25,1-13 – 1. Thessalonicher 5,4-8 – 1. Petrus 3,15 – Kolosser 4,5+6 – Galater 6,10 – Matthäus 16,6 – Markus 8,15 – Matthäus 15,14 – Matthäus 23,27 – 2. Petrus 2,1 – 2. Timotheus 4,3 – 1. Timotheus 6,3 – Judas 1,4 – Galater 1,6-8 – 2. Korinther 11,13 – Jesaja 5,22

Inspiration Bibelstudientag

In diesem Teil greife ich ein paar Themen auf, die wir am Bibelstudientag durchgegangen sind. Höre dir dazu vielleicht die 5 mp3-Dateien im Mitglieder- und Partnerbereich an. Mögen dich die Erkenntnisse inspirieren und segnen. Der Heilige Geist wird dich in alle Wahrheit leiten (**Johannes 16,13**). Lies die Bibelstellen im Wort nach.

> *Ich glaube, dass mein Gott mir schnell Recht verschaffen wird, wenn ich nach ihm rufe. Ich glaube, dass ich dafür aber den Glauben dazu brauche, wie Jesus es sagt.*

Lukas 18,1-8:

„Er legte ihnen dann ein Gleichnis vor, um sie darauf hinzuweisen, daß man allezeit beten müsse und nicht müde darin werden dürfe. »In einer Stadt«, so sagte er, »lebte ein Richter, der Gott nicht fürchtete und auf keinen Menschen Rücksicht nahm. Nun wohnte in jener Stadt eine Witwe, die (immer wieder) zu ihm kam mit dem Anliegen: ›Schaffe mir Recht gegen meinen Widersacher!‹ Lange Zeit wollte er nicht; schließlich aber dachte er bei sich: ›Wenn ich auch Gott nicht fürchte und auf keinen Menschen Rücksicht nehme, will ich dieser Witwe doch zu ihrem Recht verhelfen, weil sie mir lästig fällt; sonst kommt sie schließlich noch und wird handgreiflich gegen mich.‹« Dann fuhr der Herr fort: »Hört, was (hier) der ungerechte Richter sagt! Sollte nun Gott nicht auch seinen Auserwählten Recht schaffen, die Tag und Nacht zu ihm rufen, auch wenn er Langmut bei ihnen übt? Ich sage euch: Glauben auf Erden vorfinden?«"

***

> *Ich glaube, dass es gut ist, für andere zu beten und für sie zu bitten, dass sie erfüllt werden mit der Erkenntnis des Willen Gottes, in aller geistlicher Weisheit und Einsicht, damit Geschwister des Herrn würdig wandeln und ihm in allem wohlgefällig sind, in jedem Werk fruchtbar und in der Erkenntnis Gottes wachsend, sie mit aller Kraft gestärkt sind gemäß der Macht seiner Herrlichkeit zu allem standhaften Ausharren und aller Langmut mit Freuden und sie dem Vater danken, der uns tüchtig gemacht hat, teilzuhaben am Erbe der Heiligen im Licht. Das Ganze gilt auch für mich. Ich will immer mehr erfüllt werden mit der Erkenntnis seines Willens (für mein Leben) in aller geistlicher Weisheit und Einsicht, damit ich meinem Herrn würdig wandele und ihm in allem wohlgefällig bin, in jedem guten Werk fruchtbar und in der Erkenntnis Gottes wachsend, mit aller Kraft gestärkt gemäß der Macht seiner Herrlichkeit zu allem standhaften Ausharren und aller Langmut mit Freuden, indem ich dem Vater Dank sage, der mich tüchtig gemacht hat, teilzuhaben am Erbe der Heiligen im Licht. Er hat mich gerettet aus der Herrschaft der Finsternis und hat mich versetzt in das Reich des Sohnes seiner Liebe, in dem ich die Erlösung habe durch sein Blut, die Vergebung der Sünden.*

Kolosser 1,9-12:

„Deshalb hören auch wir seit dem Tage, an dem wir es vernommen haben, nicht auf, für euch zu beten und (Gott) zu bitten, daß ihr mit der Erkenntnis seines Willens in aller geistgewirkten Weisheit und Einsicht erfüllt werden möchtet, damit ihr so, wie es des Herrn würdig ist, zu seinem völligen Wohlgefallen wandelt. Ja, möchtet ihr in jedem guten Werke Frucht bringen und in der Erkenntnis Gottes wachsen! Möchtet ihr mit aller Kraft, wie es der Macht seiner Herrlichkeit entspricht, zu aller Standhaftigkeit und Ausdauer ausgerüstet werden und mit Freuden dem Vater Dank sagen, der uns zur Teilnahme am Erbe der Heiligen im Licht tüchtig gemacht hat! Er hat uns ja aus der Gewalt der Finsternis gerettet und uns in das Reich des Sohnes seiner Liebe versetzt."

***

Ich glaube, dass Jesus den Sieg über den Teufel errungen hat und vom Tod auferstanden ist. Ich glaube, dass der Geist Gottes ihn lebendig gemacht hat, so wie Jesus uns in den Evangelien zeigte, dass Gott Tote lebendig machen kann, so wie das Abraham ebenfalls glaubte, was ihm als Gerechtigkeit angerechnet wurde. Jesus lebt! Ich sehe ihn nicht, aber er lebt. Ich glaube an die Auferstehung.

Offenbarung 20,5+6:

„Die übrigen Toten aber lebten bis zum Ablauf der tausend Jahre nicht wieder auf. Dies ist die erste Auferstehung: selig und heilig ist, wer an der ersten Auferstehung Anteil hat! Über diese hat der zweite Tod keine Gewalt, sondern sie werden Priester Gottes und Christi sein und die tausend Jahre hindurch zusammen mit ihm herrschen."

Johannes 11,25-27:

„Jesus entgegnete ihr: »Ich bin die Auferstehung und das Leben; wer an mich glaubt, wird leben, wenn er auch stirbt, 26 und wer da lebt und an mich glaubt, wird in Ewigkeit nicht sterben! Glaubst du das?«"

Weitere Bibelstellen:

Markus 16,6 – Lukas 24,6+7 – 1. Thessalonicher 4,14 – Matthäus 28,5+6 – 1. Petrus 1,3 – 2. Korinther 5,14+15 – 1. Korinther 15,3+4 – 1. Korinther 15,21 – Römer 6,5+6 – Philipper 3,10 – Römer 8,11 – Johannes 12,12+13 – 1. Johannes 5,4 – Johannes 17,1-18

***

Ich glaube/habe erkannt, dass alles, was Gott tut, für ewig ist; man kann nichts hinzufügen und nichts davon wegnehmen und Gott hat es so gemacht, damit man ihn fürchte. Was da ist, das ist schon vor Zeiten gewesen und auch was sein wird, ist schon vor Zeiten gewesen und Gott sucht das Vergangene wieder hervor. Wenn Gott etwas tut, dann bleibt es.

Prediger 3,14:

„Ich habe erkannt, daß alles, was Gott tut, ewige Geltung hat: man kann da nichts hinzufügen und nichts davon wegnehmen; und das hat Gott so eingerichtet, damit man sich vor ihm fürchte."

Hesekiel 46,16-18:

„So spricht Gott der HERR: Wenn der Fürst einem seiner Söhne ein Geschenk gibt von seinem Erbe, soll es seinen Söhnen verbleiben, und sie sollen es als ihr Erbe besitzen. Wenn er aber einem seiner Großen von seinem Erbteil etwas schenkt, so sollen sie es besitzen bis zum Jahr der Freilassung, und dann soll es an den Fürsten wieder zurückfallen; nur der Anteil seiner Söhne soll diesen verbleiben. Es soll auch der Fürst dem Volk nichts nehmen von seinem Erbteil, um sie dadurch aus ihrem Eigentum zu verdrängen, sondern er soll sein Eigentum auf seine Söhne vererben, damit nicht jemand von meinem Volk aus seinem Eigentum vertrieben wird."

1. Chronik 17,24-27:

„Dann wird dein Name sich als treu erweisen und für immer geehrt sein, wenn man sagt: ›Der HERR der Heerscharen, der Gott Israels, ist der Gott für Israel‹; und das Haus deines Knechtes David wird Bestand vor dir haben! Denn du selbst, mein Gott, hast deinem Knechte die Offenbarung zuteil werden lassen, daß du ihm ein Haus bauen wollest; darum hat dein Knecht den Mut gefunden, dieses Gebet an dich zu richten. Und nun, HERR, du bist Gott, und nachdem du deinem Knechte diese herrliche Zusage gemacht hast – nun denn, so möge es dir auch gefallen, das Haus deines Knechtes zu segnen, damit es für immer vor dir bestehe! Denn was du, HERR, gesegnet hast, das ist gesegnet ewiglich!«"

Hiob 23,13:

„Doch er bleibt sich immer gleich – wer kann ihm wehren? und was sein Sinn einmal will, das führt er auch aus."

***

Ich glaube, dass Gott Lust an der Gnade hat. Ich glaube, dass er mir (durch das Opfer Jesu) die Sünde vergeben hat und mir die Übertretungen erlassen hat. Ich glaube, dass er seinen Zorn nicht behalten, sondern ihn auf Jesus gelegt hat, damit ich diesen Zorn nicht spüren und tragen muss. Ich glaube, dass er sich über mich erbarmt hat und meine Sünden in die Tiefe des Meeres geworfen hat. Ich glaube, dass Gott mir seine Treue zeigt, seine Gnade war so überfließend ist, dass sie alles erfasst/umfasst. Ich glaube, wenn ich mutwillig, aus eigenem Willen, weitersündige wie bisher, mit vollem Bewusstsein mich für das falsche entscheide und es tue, weil ich es will, dann gibt es hierfür kein Opfer. Ich will alles geben, ein Leben zu führen, dass meinem Herrn Jesus gefällt. Ich weiß, dass jenes eine mutwillige Sünde ist, wenn ich bewusst das Falsche tue, obwohl ich es sein lassen könnte, weil ich Gefallen an der Sünde habe."

Micha 7,18-20:

„Wer ist ein Gott wie du, der Sündenschuld vergibt und an den Missetaten des Überrestes seines Eigentumsvolkes vorübergeht? Der nicht ewiglich an seinem Zorn festhält, sondern Freude an der Gnade hat? Er wird sich unser aufs neue erbarmen, wird unsere Verschuldungen niedertreten und alle

unsere Missetaten in die Tiefen des Meeres versenken. Du wirst an Jakob Treue, an Abraham Gnade erweisen, die du unsern Vätern zugeschworen hast in den Tagen der Vorzeit."

Hebräer 10,26:

„Denn wenn wir vorsätzlich sündigen, nachdem wir die Erkenntnis der Wahrheit erlangt haben, so bleibt uns fortan kein Opfer für die Sünden mehr übrig, sondern nur ein angstvolles Warten auf das Gericht und die Gier des Feuers, das die Widerspenstigen verzehren wird."

***

Ich glaube, wenn ich den Fluch (das alte Leben, die Sünde und alles, was damit zusammenhängt) liebe, wird er über mich kommen. Wenn ich den Segen nicht begehre, wird er von mir fernbleiben. Ich glaube, dass ich den Segen begehren muss, damit ihn mein Vater mir zufließen lässt/lassen kann. Ich habe Anteil an dem Segen/Erbe, weil Jesus zum Fluch wurde.

Psalm 109,17:

„Er liebte den Fluch: so treffe er ihn! Er hatte am Segen keine Freude: so bleib' er ihm fern!"

Galater 3,13+14:

„Christus hat uns vom Fluch des Gesetzes dadurch losgekauft, daß er für uns zum Fluch geworden ist; denn es steht geschrieben (5.Mose 21,23): »Verflucht ist jeder, der am Holze hängt.« Es sollte eben der dem Abraham verheißene Segen den Heiden in Christus Jesus zuteil werden, damit wir das Verheißungsgut des Geistes durch den Glauben empfangen könnten."

***

Ich glaube, dass ich den Worten meines Gottes und meines Herrn Jesus von ganzem Herzen vertrauen kann. Ich glaube, dass es besser ist, mich nicht auf meinen eigenen Verstand zu verlassen. Ich glaube, dass ich ihn auf allen meinen Wegen erkennen kann und er meine Pfade ebnen wird. Ich glaube, dass es besser ist, mich nicht selbst für weise halten, den Herrn gesund fürchten und dem Bösen fernzubleiben. Ich glaube, dass ich auf diese Art im Segen und auf Gottes Wegen wandele und ich glaube, dass dies meinem Leib Heilung (und Gesundheit) bringt und meine Gebeine erquickt! Ich glaube, dass die guten Wege nur Gottes Wege (für mich) sind und meine eigenen Wege nur Wege der Selbstsucht sind, die in die Irre (und ins Verderben) führen.

Sprüche 3,5-8:

„Vertraue auf den HERRN mit ganzem Herzen und verlaß dich nicht auf eigene Klugheit; denke an ihn auf allen deinen Wegen, so wird er dir die Pfade ebnen. – Halte dich nicht selbst für weise; fürchte den HERRN und halte dich fern vom Bösen: das wird Arznei für deinen Leib sein und Labsal für deine Glieder."

Römer 8,5-15:

„Denn die fleischlich gesinnten (Menschen) haben ein fleischliches Trachten, die geistlich gesinnten aber ein geistliches. Denn das Trachten des Fleisches bedeutet Tod, das Trachten des Geistes dagegen Leben und Frieden, und zwar deshalb, weil das Trachten des Fleisches Feindschaft gegen Gott ist; es unterwirft sich ja dem Gesetz Gottes nicht, vermag das auch gar nicht; so können denn die fleischlich gerichteten (Menschen) Gott nicht gefallen. Ihr dagegen seid nicht im Fleisch, sondern im Geist, wenn nämlich Gottes Geist wirklich in euch wohnt; wenn aber jemand den Geist Christi nicht hat, so gehört ein solcher (Mensch) ihm auch nicht an. Wohnt dagegen Christus in euch, so ist euer Leib zwar tot um der Sünde willen, euer Geist aber ist Leben um der Gerechtigkeit willen. Und wenn der Geist dessen, der Jesus von den Toten auferweckt hat, in euch wohnt, so wird er, der Christus von den Toten auferweckt hat, auch eure sterblichen Leiber lebendig machen durch seinen in euch wohnenden Geist. Somit haben wir, liebe Brüder, nicht dem Fleische gegenüber die Verpflichtung, nach dem Fleische zu leben; denn wenn ihr nach dem Fleische lebt, so ist euch der Tod gewiß; wenn ihr dagegen durch den Geist die Geschäfte des Leibes tötet, so werdet ihr leben. Denn alle, die vom Geiste Gottes geleitet werden, die sind Söhne Gottes. Der Geist, den ihr empfangen habt, ist ja doch nicht ein Geist der Knechtschaft, so daß ihr euch aufs neue fürchten müßtet; sondern ihr habt den Geist der Sohnschaft empfangen, in welchem wir rufen: »Abba, (lieber) Vater!«"

Weitere Bibelstellen:

Jakobus 1,14+15 – Galater 2,20 – Matthäus 9,36 – Jesaja 53,6 – Psalm 119,105

***

Ich glaube, dass Jesus am Kreuz alle meine Krankheiten und Schmerzen getragen hat, als mein Stellvertreter, und ich dadurch in allem heil bin. Ich glaube, was Jesus getragen hat, muss ich nicht mehr tragen. Ich glaube, dass mich Gott mit langem Leben sättigen will und dass er will, dass ich sein Heil sehe. Ich glaube an den Satz von Jesus: Wie im Himmel, so auf Erden.

Jesaja 53,4+5:

„Jedoch unsere Krankheiten waren es, die er getragen hat, und unsere Schmerzen hatte er sich aufgeladen, während wir ihn für einen Gestraften, von Gott Geschlagenen und Gemarterten hielten. Und doch war er verwundet um unserer Übertretungen willen und zerschlagen infolge unserer Verschuldungen: die Strafe war auf ihn gelegt zu unserm Frieden, und durch seine Striemen ist uns Heilung zuteil geworden."

1. Petrus 2,24:

„Er hat unsere Sünden selber mit seinem Leibe an das (Marter-) Holz hinaufgetragen, damit wir, von den Sünden freigemacht, der Gerechtigkeit leben möchten: durch seine Wunden seid ihr geheilt worden (Jes 53,5)."

Weitere Bibelstellen:

Matthäus 8,16+17 – Johannes 14,12-14 – Philipper 2,10 – Psalm 91,16 – Psalm 103,5 – Matthäus 6,10

***

Ich glaube, dass mein Ticket in den Himmel nur auf Gnade beruht und nicht aufgrund meiner Werke. Ich glaube, dass ich für die Werke, die ich jetzt hier auf der Erde vollbringe, Lohn erhalten werde. Ich will darauf achten, dass ich mir nicht selbst die Ehre für meine Werke gebe, sondern dem Herrn. Ich glaube, um die Krone des Lebens (nicht den Lohn) zu erhalten, muss ich an meiner Rettung festhalten und darf sie nicht loslassen. Der Lauf muss bis zum Ende gelaufen werden.

Römer 11,6:

„Ist er aber durch Gnade (ausgesondert), so ist er es nicht mehr aufgrund von Werken; sonst würde ja die Gnade keine Gnade mehr sein."

Galater 2,20:

„So lebe also nicht mehr ich selbst, sondern Christus lebt in mir; was ich jetzt aber noch im Fleisch lebe, das lebe ich im Glauben an den Sohn Gottes, der mich geliebt und sich selbst für mich dahingegeben hat."

Kolosser 3,23+24:

„Alles, was ihr zu tun habt, das leistet mit willigem Herzen, als gälte es dem Herrn und nicht den Menschen; ihr wißt ja, daß ihr vom Herrn das (himmlische) Erbe als Lohn empfangen werdet: ihr dient ja dem Herrn Christus als Knechte."

Weitere Bibelstellen:

1. Korinther 15,58 – Galater 6,9 – Matthäus 25,21 – Jakobus 1,12 – 1. Korinther 2,9 – Matthäus 6,2 – Philipper 3,14 – 1. Korinther 3,9-21 – Offenbarung 3,5 – Psalm 16,8 – Jakobus 1,3 – Römer 8,25 – 2. Thessalonicher 3,5 – 1. Römer 2,6 – Timotheus 6,11

***

Ich glaube, dass ich eine neue Schöpfung, in Christus, geworden bin. Etwas ganz Neues ist entstanden. Das Alte ist vergangen und etwas ganz Neues ist geworden. Ich glaube, dass alles, was aus Gott geboren ist, die Welt (und das, was darin ist) überwindet, und dass mein Glaube der Sieg ist, der die Welt schon überwunden hat. Ich glaube, dass es für mich jetzt schon vollbracht ist und ich als letztes noch den physischen Tod besiegen werde, in dem ich auch von diesem auferstehe, in die ewige Herrlichkeit. Ich glaube, dass ich jetzt schon das ewige Leben habe. Ich glaube, weil ich glaube, dass Jesus der Sohn Gottes ist, überwinde ich diese Welt. Ich glaube, dass in mir Jesus und dadurch Gott wohnt, durch den Heiligen Geist.

2. Korinther 5,15-21:

„Und er ist darum für alle gestorben, damit, die da leben, hinfort nicht sich selbst leben, sondern dem, der für sie gestorben ist und auferweckt wurde. Darum kennen wir von nun an niemanden mehr nach dem Fleisch; und auch wenn wir Christus gekannt haben nach dem Fleisch, so kennen wir ihn doch jetzt so nicht mehr. Darum: Ist jemand in Christus, so ist er eine neue Kreatur; das Alte ist vergangen, siehe, Neues ist geworden. Aber das alles ist von Gott, der uns mit sich selber versöhnt hat durch Christus und uns das Amt gegeben, das die Versöhnung predigt. Denn Gott war in Christus und versöhnte die Welt mit ihm selber und rechnete ihnen ihre Sünden nicht zu und hat unter uns aufgerichtet das Wort von der Versöhnung. So sind wir nun Botschafter an Christi statt, denn Gott ermahnt durch uns; so bitten wir nun an Christi statt: Lasst euch versöhnen mit Gott! Denn er hat den, der von keiner Sünde wusste, für uns zur Sünde gemacht, auf dass wir in ihm die Gerechtigkeit würden, die vor Gott gilt."

1. Johannes 5,4+5:

„Denn alles, was aus Gott geboren ist, überwindet die Welt; und unser Glaube ist der Sieg, der die Welt überwunden hat. 5 Wer ist es aber, der die Welt überwindet, wenn nicht, der da glaubt, dass Jesus Gottes Sohn ist?"

Weitere Bibelstellen:

Johannes 17,3 – 2. Korinther 3,17 – 1. Korinther 6,19+20 – Johannes 14,16 – Johannes 14,26 – 1. Korinther 3,16

***

Ich glaube, dass ich auf das Wort hoffen kann, denn es ist Gottes Wort. Ich glaube, dass Gott das Wort ist, dass Jesus das Wort ist und dass beide von Anfang an waren. Da das Wort Gott ist, glaube und vertraue ich ihm.

Psalm 119,114:

„Du bist mein Schutz und mein Schild; ich hoffe auf dein Wort."

Johannes 1,1-17:

„Im Anfang war das Wort, und das Wort war bei Gott, und Gott war das Wort. Dasselbe war im Anfang bei Gott. Alle Dinge sind durch dasselbe gemacht, und ohne dasselbe ist nichts gemacht, was gemacht ist. In ihm war das Leben, und das Leben war das Licht der Menschen. Und das Licht scheint in der Finsternis, und die Finsternis hat's nicht ergriffen. Es war ein Mensch, von Gott gesandt, der hieß Johannes. Der kam zum Zeugnis, damit er von dem Licht zeuge, auf dass alle durch ihn glaubten. Er war nicht das Licht, sondern er sollte zeugen von dem Licht. Das war das wahre Licht, das alle Menschen erleuchtet, die in diese Welt kommen. Es war in der Welt, und die Welt ist durch dasselbe gemacht; und die Welt erkannte es nicht. Er kam in sein Eigentum; und die Seinen nahmen ihn nicht auf. Wie viele ihn aber aufnahmen, denen gab er Macht, Gottes Kinder zu werden: denen, die an seinen Namen glauben, die nicht aus menschlichem Geblüt noch aus dem Willen des Fleisches noch aus dem Willen eines Mannes, sondern aus Gott geboren sind. Und das Wort ward Fleisch und wohnte unter uns, und wir sahen seine Herrlichkeit, eine Herrlichkeit als des eingeborenen Sohnes vom Vater,

voller Gnade und Wahrheit. Johannes zeugt von ihm und ruft: Dieser war es, von dem ich gesagt habe: Nach mir wird kommen, der vor mir gewesen ist; denn er war eher als ich. Von seiner Fülle haben wir alle genommen Gnade um Gnade. Denn das Gesetz ist durch Mose gegeben; die Gnade und Wahrheit ist durch Jesus Christus geworden. Niemand hat Gott je gesehen; der Eingeborene, der Gott ist und in des Vaters Schoß ist, der hat es verkündigt."

Weitere Bibelstellen:

Johannes 6,38 – Jesaja 46,4 – 1. Mose 1

***

Ich glaube, dass die Sünde nicht mehr über mich herrschen kann, weil ich nicht (mehr – ich selbst stand nie unter dem Gesetz als Heidin, dennoch herrschte die Sünde über mich) unter dem Gesetz stehe, sondern unter der Gnade.

Römer 6,14:

„So auch ihr: Haltet euch für Menschen, die der Sünde gestorben sind und für Gott leben in Christus Jesus. So lasst nun die Sünde nicht herrschen in eurem sterblichen Leibe, und leistet seinen Begierden keinen Gehorsam."

***

Ich glaube, dass dies der Tag ist, den der Herr gemacht hat und dass er will, dass ich mich freue und darin fröhlich bin.

Psalm 118,24:

„Dies ist der Tag, den der HERR macht; lasst uns freuen und fröhlich an ihm sein."

Weitere Bibelstellen:

Galater 5,22 – Philipper 4,4

***

Ich glaube, dass Gott sein Angesicht nicht von mir abwenden wird, weil ich zu ihm umgekehrt bin!

2. Chronik 30,8+9:

„So seid nun nicht halsstarrig wie eure Väter, sondern gebt eure Hand dem HERRN und kommt zu seinem Heiligtum, das er geheiligt hat für alle Zeit, und dient dem HERRN, eurem Gott, so wird sich sein grimmiger Zorn von euch wenden; denn wenn ihr euch bekehrt zu dem HERRN, so werden eure Brüder und Kinder Barmherzigkeit finden bei denen, die sie gefangen halten, sodass sie in dies Land

zurückkehren. Denn der HERR, euer Gott, ist gnädig und barmherzig und wird sein Angesicht nicht von euch wenden, wenn ihr euch zu ihm bekehrt."

Weitere Bibelstellen:

Matthäus 10,29-21 – Lukas 11,13

***

Ich glaube, weil ich mein Leben komplett Gott in die Hand gegeben habe, meinen Leib dargebracht habe als ein lebendiges, Gott wohlgefälliges Opfer, werde ich jetzt auch mein Leben nicht mehr diesem Weltlauf anpassen, sondern mich von Gott verändern lassen. Dadurch kann ich immer mehr erkennen, was Gottes guter, wohlgefälliger und vollkommener Wille für mich (und die jetzige Weltzeit) ist und ich kann unterscheiden und prüfen, ob etwas von Gott ist oder nicht. Das kann ich erst, wenn meine Gedanken und Sinne verändert wurden. Ohne die Veränderung kann ich nichts, gemäß seiner Gerechtigkeit, prüfen. Ich bin eine neue Schöpfung geworden und als Kind Gottes lasse ich mich vom Heiligen Geist leiten. Ich gehöre nicht mehr mir selbst.

Römer 12,1+2:

„Ich ermahne euch nun, Brüder und Schwestern, durch die Barmherzigkeit Gottes, dass ihr euren Leib hingebt als ein Opfer, das lebendig, heilig und Gott wohlgefällig sei. Das sei euer vernünftiger Gottesdienst. Und stellt euch nicht dieser Welt gleich, sondern ändert euch durch Erneuerung eures Sinnes, auf dass ihr prüfen könnt, was Gottes Wille ist, nämlich das Gute und Wohlgefällige und

1. Korinther 6,19-20:

„Oder wisst ihr nicht, dass euer Leib ein Tempel des Heiligen Geistes ist, der in euch ist und den ihr von Gott habt, und dass ihr nicht euch selbst gehört? Denn ihr seid teuer erkauft; darum preist Gott mit eurem Leibe."

Weitere Bibelstellen:

2. Korinther 5,17 – Matthäus 16,25 – Philipper 3,20 – Römer 10,17 – Johannes 17,3 – 1. Korinther 13,12 – Römer 8,14+15

***

Weil ich jetzt ein Kind Gottes bin, will ich mich nicht auf trügerische Worte verlassen. Ich will, dass meinem Glauben gute Werke folgen, die Gott wohlgefällig sind. Ich will Recht üben und Fremdlinge, Witwen und Waisen nicht unterdrücken. Ich will kein unschuldiges Blut vergießen und keinen anderen Göttern nachrennen und keine Götzen in meinem Leben zulassen.

Jeremia 7,5-7:

„Sondern bessert euer Leben und euer Tun, dass ihr recht handelt einer gegen den andern und gegen Fremdlinge, Waisen und Witwen keine Gewalt übt und nicht unschuldiges Blut vergießt an diesem Ort und nicht andern Göttern nachlauft zu eurem eigenen Schaden, so will ich euch immer und ewiglich wohnen lassen an diesem Ort, in dem Lande, das ich euren Vätern gegeben habe."

Judas 3+4

„Hütet euch aber, dass sich euer Herz nicht betören lasse, dass ihr abfallt und dient andern Göttern und betet sie an, sodass der Zorn des HERRN entbrenne über euch und schließe den Himmel zu, sodass kein Regen kommt und die Erde ihr Gewächs nicht gibt und ihr bald ausgetilgt werdet aus dem guten Lande, das euch der HERR gegeben hat."

Matthäus 7,15-29:

„»Hütet euch vor den falschen Propheten, die in Schafskleidern zu euch kommen, im Inneren aber räuberische Wölfe sind. An ihren Früchten werdet ihr sie erkennen. Kann man etwa Trauben lesen von Dornbüschen oder Feigen von Disteln? So bringt jeder gute Baum gute Früchte, ein fauler Baum aber bringt schlechte Früchte; ein guter Baum kann keine schlechten Früchte bringen, und ein fauler Baum kann keine guten Früchte bringen. Jeder Baum, der nicht gute Früchte bringt, wird abgehauen und ins Feuer geworfen. Also: an ihren Früchten werdet ihr sie erkennen.« »Nicht alle, die ›Herr, Herr‹ zu mir sagen, werden (darum schon) ins Himmelreich eingehen, sondern nur, wer den Willen meines himmlischen Vaters tut. Viele werden an jenem Tage zu mir sagen: ›Herr, Herr, haben wir nicht kraft deines Namens prophetisch geredet und kraft deines Namens böse Geister ausgetrieben und kraft deines Namens viele Wundertaten vollführt?‹ Aber dann werde ich ihnen erklären: ›Niemals habe ich euch gekannt; hinweg von mir, ihr Täter der Gesetzlosigkeit!‹ (Ps 6,9) 24 Darum wird jeder, der diese meine Worte hört und nach ihnen tut, einem klugen Manne gleichen, der sein Haus auf Felsengrund gebaut hat. Da strömte der Platzregen herab, es kamen die Wasserströme, es wehten die Winde und stießen an jenes Haus; doch es stürzte nicht ein, denn es war auf den Felsen gegründet. Wer jedoch diese meine Worte hört und nicht nach ihnen tut, der gleicht einem törichten Manne, der sein Haus auf den Sand gebaut hat. Da strömte der Platzregen herab, es kamen die Wasserströme, es wehten die Winde und stürmten gegen jenes Haus: da stürzte es ein, und sein Zusammensturz war gewaltig.« Als Jesus diese Rede beendet hatte, waren die Volksscharen über seine Lehre ganz betroffen; denn er lehrte sie wie einer, der (göttliche) Vollmacht hat, ganz anders als ihre Schriftgelehrten."

Weitere Bibelstellen:

5. Mose 11,16 – Judas 1,3+4 – 2. Korinther 11,3+4 – Galater 1,6+7 – Kolosser 2,8 – Kolosser 2,20-23 – Matthäus 15,8+9 – Jakobus 2

***

Ich glaube, dass ich selig sein kann, weil Gott mir meine Sünden nicht mehr zurechnet/anrechnet. Jesus hat für sie bezahlt. Früher gab es jährlich eine Erinnerung an die Sünden, aber Jesus hat ein für alle Mal alles bezahlt und an meine Sünden wird Gott nicht mehr denken (es sei denn ich sündige mutwillig). Ich will das Erlösungswerk Jesu nicht mit Füßen treten.

Römer 4,7+8:

„»Glückselig sind die, denen die Gesetzesübertretungen vergeben und deren Sünden zugedeckt worden sind; glückselig ist der Mann, dem der Herr (die) Sünde nicht anrechnet.«"

Psalm 25,6+7:

„Gedenke der Erweise deines Erbarmens, o HERR, und daß deine Gnadenverheiße aus der Urzeit stammen; gedenke nicht der Sünden meiner Jugend und meiner Vergehen: nein, nach deiner Gnade gedenke meiner um deiner Güte willen!"

Hebräer 10,16+17:

„»Dies ist der Bund, den ich nach jenen Tagen mit ihnen schließen werde«, fährt der Herr fort: »Ich will meine Gesetze in ihre Herzen hineinlegen und sie ihnen in den Sinn schreiben« und »ihrer Sünden und ihrer Gesetzlosigkeiten will ich nicht mehr gedenken«."

Weitere Bibelstellen:

Psalm 32,1+2 – Psalm 51,1 – Psalm 103,12 – Jesaja 43,25 – Jeremia 50,20 – 2. Chronik 6,23 – Römer 2,6 – Hebräer 10,3+4 – Jesaja 43,25 – Jeremia 31,34 – Hebräer 10,26-30

***

Ich glaube, dass nur Satan, bzw. mein Herz, mich anklagt. Ich widerstehe seiner Anlage und berufe mich auf das Kreuz. Ich glaube, weil nichts Gutes aus meiner menschlichen Natur kommt, kann das, was noch in mir ist, mich anklagen. Es ist aber der Feind, der das tut. Ich glaube, wenn ich alles Christus unterstelle, werden diese falschen Gedankenfestungen eingerissen. Ich glaube, dass ich meinen Sieg nur verteidigen muss. Das tue ich, wie Jesus in der Wüste, mit dem Wort Gottes. Ich glaube, dass der Geist Gottes mein Leben bestimmt und mich meinen Begierden widerstehen lässt.

Sacharja 3,1:

„Hierauf ließ er mich den Hohenpriester Josua schauen, wie er vor dem Engel des HERRN stand, während der Satan sich zu seiner Rechten stellte, um ihn anzuklagen."

Johannes 12,30-32:

„Da nahm Jesus das Wort und sagte: »Nicht um meinetwillen ist diese Stimme erschollen, sondern um euretwillen. Jetzt ergeht ein Gericht über diese Welt, jetzt wird der Fürst dieser Welt hinausgestoßen werden, und ich werde, wenn ich von der Erde erhöht sein werde, alle zu mir ziehen!«"

2. Korinther 10,4:

„Ja, wir wandeln wohl im Fleische, führen aber unsern Kampf <u>nicht</u> nach Fleischesart; denn die Waffen, mit denen wir kämpfen, sind <u>nicht</u> fleischlicher Art, sondern starke <u>Gotteswaffen zur Zerstörung von Bollwerken</u>: wir <u>zerstören</u> mit ihnen klug ausgedachte Anschläge und jede hohe Burg, die sich gegen die Erkenntnis Gottes erhebt, und nehmen <u>alles</u> Sinnen in den <u>Gehorsam</u> gegen Christus gefangen und

halten uns bereit, jeden Ungehorsam zu bestrafen, sobald nur erst euer Gehorsam völlig wiederhergestellt ist."

Weitere Bibelstellen:

Off. 12,10 – Römer 8,33-59 – Römer 7,18 – 1. Johannes 3,19-21 – Epheser 6 – Philipper 2,10 – Galater 5,16 – Apostelgeschichte 2,1- 21 – Lukas 21,25+26 – 1. Johannes 4,4 – Joel 3,1 – Johannes 14,26 – Jesaja 44,3-5

***

Ich glaube, dass Gott mein Recht in seiner Hand hat und dass er meine Sachen führen wird, wenn mir Unrecht getan wurde/wird. Ich glaube, dass mir, wenn mir etwas gestohlen wurde, dies 7fach ersetzt wird. Jesus hat den Sieg errungen und der Teufel hat verloren. Ich glaube, dass Gott alles wiederherstellt, auch schon hier auf der Erde, wenn ich zu ihm gehöre, was durch meinen Glauben an meinen Freikauf (durch das Blut Jesu) geschehen ist. Ich glaube, wenn er 100fach ersetzt, was ich für ihn aufgegeben habe, dann wird er mir erst recht ersetzen, was der Teufel mir gestohlen hat.

Psalm 9,5-7:

„Denn du hast mein Recht und meine Sache geführt, hast auf dem Throne gesessen als gerechter Richter; du hast die Heiden bedroht, die Frevler vernichtet, ihren Namen ausgelöscht für immer und ewig: Der Feind ist dahin, zertrümmert für immer; auch Städte hast du zerstört, ihr Gedächtnis ist untergegangen."

Lukas 18,1-8:

„Er legte ihnen dann ein Gleichnis vor, um sie darauf hinzuweisen, daß man allezeit beten müsse und nicht müde darin werden dürfe. »In einer Stadt«, so sagte er, »lebte ein Richter, der Gott nicht fürchtete und auf keinen Menschen Rücksicht nahm. Nun wohnte in jener Stadt eine Witwe, die (immer wieder) zu ihm kam mit dem Anliegen: ›Schaffe mir Recht gegen meinen Widersacher!‹ Lange Zeit wollte er nicht; schließlich aber dachte er bei sich: ›Wenn ich auch Gott nicht fürchte und auf keinen Menschen Rücksicht nehme, will ich dieser Witwe doch zu ihrem Recht verhelfen, weil sie mir lästig fällt; sonst kommt sie schließlich noch und wird handgreiflich gegen mich.‹« Dann fuhr der Herr fort: »Hört, was (hier) der ungerechte Richter sagt! Sollte nun Gott nicht auch seinen Auserwählten Recht schaffen, die Tag und Nacht zu ihm rufen, auch wenn er Langmut bei ihnen übt? Ich sage euch: Er wird ihnen gar bald ihr Recht schaffen! Doch wird wohl der Menschensohn bei seinem Kommen den Glauben auf Erden vorfinden?«"

2. Mose 14,13-20:

„Da entgegnete Mose dem Volk: »Fürchtet euch nicht! Haltet nur stand, so werdet ihr sehen, welche Rettung euch der HERR heute noch schaffen wird! Denn so, wie ihr die Ägypter heute seht, werdet ihr sie in alle Ewigkeit nicht wieder sehen. Der HERR wird für euch streiten, verhaltet ihr euch nur ruhig!« Da sagte der HERR zu Mose: »Was schreist du zu mir? Befiehl den Israeliten aufzubrechen. Du aber hebe deinen Stab empor, strecke deine Hand über das Meer aus und spalte es, damit die Israeliten mitten durch das Meer hindurch auf trockenem Boden ziehen können. Ich aber will dann das Herz der

Ägypter verhärten, daß sie hinter ihnen herziehen, und will mich am Pharao und an seiner ganzen Heeresmacht, an seinen Wagen und Reitern, verherrlichen; und die Ägypter sollen erkennen, daß ich der HERR bin, wenn ich mich am Pharao, an seinen Wagen und Reitern verherrlicht habe.« Da änderte der Engel Gottes, der (bisher) vor dem Heer der Israeliten hergezogen war, seine Stellung und trat hinter sie; infolgedessen ging auch die Wolkensäule vorn vor ihnen weg und trat hinter sie, so daß sie zwischen das Heer der Ägypter und das Heer der Israeliten zu stehen kam; und sie zeigte sich dort als Wolke und Finsternis, während sie hier die Nacht erleuchtete; so gerieten beide Heere die ganze Nacht hindurch nicht feindlich aneinander."

Weitere Bibelstellen:

Johannes 10,10 – Markus 10,28-31 – 5. Mose 28 – Galater 3,13+14 – Joel 1,15-27 – Sprüche 6,31 – 2. Chronik 20,14+15 – 2. Chronik 14,10

***

Ich glaube, dass es wichtig ist, Gott dabei zu helfen, sein Haus zu bauen. Er richtet seine Herrschaft, sein Reich, gerade auf und ich fühle mich aufgefordert, ihm als Kind dabei zu helfen. Gottes wichtigster Wille sollte mir nicht egal sein. Ich will nach dem trachten, was droben ist, dort ist mein wahres Bürgerrecht, von dort erwarte ich meinen König zurück. Ich will mir Schätze im Himmel sammeln, nicht hier auf der Erde. Alles, was ich hier habe, ist vergänglich und so behandele ich es auch, egal, was es ist. Das, was ich im Himmel habe, ist ein unvergängliches, unverwelklich und unverwesliches Erbe.

Haggai 1,1-13:

„Im zweiten Regierungsjahre des Königs Darius, am ersten Tage des sechsten Monats, erging das Wort des HERRN durch den Propheten Haggai an Serubbabel, den Sohn Sealthiels, den Statthalter von Juda, und an den Hohenpriester Josua, den Sohn Jozadaks, folgendermaßen: »So hat der HERR der Heerscharen gesprochen: Dieses Volk da sagt: ›Die Zeit, den Tempel des HERRN wieder aufzubauen, ist jetzt noch nicht gekommen!‹« Daher erging das Wort des HERRN durch den Propheten Haggai folgendermaßen: »Ist es etwa für euch selbst an der Zeit, in euren getäfelten Häusern zu wohnen, während dieses Haus in Trümmern daliegt?« »Und nun« – so spricht der HERR der Heerscharen – »achtet wohl darauf, wie es euch bisher ergangen ist! Ihr habt reichlich ausgesät, aber kärglich eingebracht; ihr habt wohl zu essen, aber es reicht nicht zum Sattwerden; ihr trinkt und stillt doch den Durst nicht; ihr habt wohl etwas zum Anziehen, aber keiner wird recht warm davon; und wer um Lohn arbeitet, der sammelt den Lohn in einen löcherigen Beutel.« So spricht der HERR der Heerscharen: »Achtet wohl darauf, wie es euch bisher ergangen ist! Steigt ins Gebirge hinauf, schafft Holz herbei und bauet den Tempel wieder auf, damit ich meine Freude daran habe und mich in meiner Herrlichkeit zeige! – so spricht der HERR. Ihr hattet auf viel gerechnet, aber es wurde wenig daraus; und wenn ihr das eingebracht hattet, so blies ich es weg. Warum das?« – so lautet der Ausspruch des HERRN der Heerscharen. »Um meines Hauses willen, das in Trümmern daliegt, während ein jeder von euch an seinem eigenen Hause seine Freude hat. Darum hat der Himmel seinen Tau über euch zurückgehalten und die Erde euch ihren Ertrag versagt; und ich habe Dürre über das Land kommen lassen und über die Berge, über das Getreide, den Most und das Öl, kurz über alles, was der Erdboden hervorbringt, auch über die Menschen und das Vieh und über allen Ertrag der Hände.« Da hörten Serubbabel, der Sohn Sealthiels, und der Hohepriester Josua, der Sohn Jozadaks, und alle, die vom Volk noch übrig waren,

auf die Mahnung des HERRN, ihres Gottes, nämlich auf die Worte des Propheten Haggai, der, wie sie erkannten, vom HERRN, ihrem Gott, zu ihnen gesandt worden war; ja, das Volk geriet in Furcht vor dem HERRN. Da machte aber Haggai, der Bote des HERRN, kraft göttlicher Botschaft dem Volk folgende Eröffnung: »›Ich bin mit euch!‹ – so lautet der Ausspruch des HERRN.«"

Maleachi 3,7-11:

„Seit den Tagen eurer Väter seid ihr von meinen Geboten abgewichen und habt sie nicht gehalten. Kehret um zu mir, so will ich mich wieder zu euch kehren!« – so spricht der HERR der Heerscharen. »Da fragt ihr: ›Inwiefern sollen wir umkehren?‹ Darf wohl ein Mensch die Gottheit betrügen, daß ihr mich betrügt und noch fragt: ›Inwiefern haben wir dich betrogen?‹ Nun, mit dem Zehnten und mit dem Hebeopfer. Mit dem Fluch seid ihr belastet, und doch betrügt ihr mich! Ein Betrüger ist das ganze Volk. Bringet den Zehnten unverkürzt in das Vorratshaus, damit Zehrung in meinem Hause vorhanden sei, und stellet mich doch auf diese Weise einmal auf die Probe« – so spricht der HERR der Heerscharen –, »ob ich euch dann nicht die Fenster des Himmels auftue und Segen in überreicher Fülle über euch ausschütte! Da will ich dann euch zugute den Freßheuschrecken Einhalt tun, daß sie euch den Ertrag des Feldes nicht mehr verwüsten, und der Weinstock soll euch auf der Flur nicht mehr fruchtlos bleiben!« – so spricht der HERR der Heerscharen."

Matthäus 28,19+20:

„Darum gehet hin und macht alle Völker zu (meinen) Jüngern: tauft sie auf den Namen des Vaters, des Sohnes und des heiligen Geistes und lehrt sie alles halten, was ich euch geboten habe. Und wisset wohl: Ich bin bei euch alle Tage bis ans Ende der Weltzeit!«"

Weitere Bibelstellen:

Philipper 3,20 – Matthäus 6,19-21 – Kolosser 3,2-17 – 1. Petrus 1,4 – 1. Korinther 15,53+54

***

Ich glaube, wenn ich zuerst nach dem Reich Gottes und seiner Gerechtigkeit trachte, wird mir alles andere hinzugefügt werden.

Matthäus 6,31-34:

„Darum sollt ihr nicht sorgen und sagen: ›Was sollen wir essen, was trinken, womit sollen wir uns kleiden?‹ Denn auf alles derartige sind die Heiden bedacht. Euer himmlischer Vater weiß ja, daß ihr dies alles bedürft. Nein, <u>trachtet</u> zuerst nach dem Reiche Gottes und nach seiner Gerechtigkeit, <u>dann</u> wird euch all das andere <u>obendrein</u> gegeben werden. Macht euch also keine Sorgen um den morgenden Tag! Denn der morgende Tag wird seine eigenen Sorgen haben; jeder Tag hat an seiner eigenen Mühsal genug.«"

Lukas 12,31:

„Trachtet vielmehr nach seinem Reich, dann wird euch dieses obendrein gegeben werden."

***

Ich glaube, dass ich im Glauben wandeln sollte und nicht im Schauen. Ich glaube, wenn ich nur das für wahrhaftig und echt halte, was ich sehen, riechen, fühlen, schmecken und hören kann, dann wandele ich wie die Menschen in der Welt. Ich wandele im Geist und im Glauben. Ich glaube, im Glauben halte ich das für wahr, was das Wort sagt, auch wenn ich es noch nicht sehen kann. Ich glaube, dass es Gott wichtig ist, dass ich im Glauben (im Geist) wandele. Jesus hat uns gesagt, dass er sich fragt, ob er Glauben finden wird, wenn er wieder kommt. Ich will bestrebt sein, geistlich zu wachsen, mich verändern zu lassen und Zweifel auszuräumen.

2. Korinther 5,6-9:

„So haben wir denn allezeit guten Mut, und da wir wissen, daß, solange wir unsere Heimat im Leibe haben, wir fern vom Herrn in der Fremde leben – denn wir wandeln (hier noch) in (der Welt des) Glaubens, nicht schon in (der Welt des) Schauens –, so haben wir guten Mut, möchten jedoch lieber aus dem Leibe auswandern und in die Heimat zum Herrn kommen. Darum bieten wir auch allen Eifer auf, mögen wir uns (schon) in der Heimat oder noch in der Fremde befinden, ihm wohlgefällig zu sein."

Hebräer 11,1:

„Es ist aber der Glaube ein zuversichtliches Vertrauen auf das, was man hofft, ein festes Überzeugtsein von Dingen, die man (mit Augen) nicht sieht."

Weitere Bibelstellen:

Hebräer 11,6 – Lukas 18,8 – Jakobus 1,6 – Römer 12,1+2 – Römer 8,14-17

***

Ich glaube, dass mir Jesus das Leben gebracht hat und alles andere reichlich dazu!

Johannes 10,10:

„Der Dieb kommt nur, um zu stehlen und zu schlachten und Unheil anzurichten; ich aber bin gekommen, damit die Schafe Leben haben und Überfluß haben.«"

***

Ich glaube, dass ich keinen großen Glauben brauche, weil Jesus sagt, dass ein Senfkornglaube reicht. Ich glaube aber, dass ich mir den Glauben (Kleinglauben) nicht stehlen lassen und mich nicht zum Zweifeln bringen lassen darf. Ich glaube, dass ich dann nichts empfangen werde. Ich glaube, dass am schlimmsten ist, wenn ich hin- und hergerissen bin/werde. Ich glaube, dass ich in diesen Momenten nichts von Gott empfangen kann. Deshalb will ich eifrig bestrebt sein, in die Ruhe einzugehen, die mir Jesus gebracht hat (incl. der Verheißungen für mein Leben.)

Matthäus 17,20:

„Er antwortete ihnen: »Wegen eures Kleinglaubens! Denn wahrlich ich sage euch: Wenn ihr Glauben wie ein Senfkorn habt und diesem Berge gebietet: ›Rücke von hier weg dorthin!‹, so wird er hinwegrücken, und nichts wird euch unmöglich sein."

Hebräer 4,11:

„So wollen wir also eifrig darauf bedacht sein, in jene Ruhe einzugehen, damit keiner zu Fall kommt und dadurch das gleiche warnende Beispiel des Ungehorsams darbiete."

Weitere Bibelstellen:

Johannes 10,10 – 1. Petrus 5,8 – Jakobus 1,6

***

Ich glaube, dass ich mit der Macht Gottes und unserem Herrn Jesus gestärkt standhaft ausharre und den Siegeskranz erringen werde.

Lukas 21,19:

„Doch es soll kein Haar von eurem Haupte verlorengehen: durch standhaftes Ausharren werdet ihr euch das Leben gewinnen.«"

Römer 8,25:

„Wenn wir dagegen auf das hoffen, was wir noch nicht (verwirklicht) sehen, so warten wir darauf in Geduld."

Weitere Bibelstellen:

Römer 5,3+4 – Kolosser 1,11 – 2. Thessalonicher 3,5 – 2. Petrus 1,6 – Jakobus 1,3+4 – Hebräer 10,36 – Offenbarung 2,3 – Offenbarung 3,10+11 – Offenbarung 14,12 – 2. Korinther 6,4 – 2. Timotheus 2,12 – Lukas 8,15 – Hebräer 6,15:

***

Ich glaube, dass meine Freude vom Herrn kommt.

Psalm 118,24-29:

„Dies ist der Tag, den der HERR gemacht hat: laßt uns jubeln und fröhlich an ihm sein! – Ach hilf doch, HERR, ach, HERR, laß wohl gelingen! – Gesegnet sei, der da kommt im Namen des HERRN! Wir segnen euch vom Hause des HERRN aus. Der HERR ist Gott, er hat uns Licht gegeben: schlinget den Reigen, mit Zweigen (geschmückt), bis an die Hörner des Altars! Du bist mein Gott, ich will dir danken; mein Gott, ich will dich erheben! Danket dem HERRN, denn er ist freundlich, ja, ewiglich währt seine Gnade."

Galater 5,22-26:

„Die Frucht des Geistes dagegen besteht in Liebe, Freude, Friede, Geduld, Freundlichkeit, Gütigkeit, Treue, Sanftmut, Beständigkeit; gegen derartige (Geistesfrüchte) kann das Gesetz keine Anklage erheben. Die aber Christus Jesus angehören, haben ihr Fleisch samt seinen Leidenschaften und nicht nach eitler Ehre begierig sein, einander nicht (zum Streit) herausfordern, einander nicht beneiden!"

Lukas 2,10+11:

„Der Engel aber sagte zu ihnen: »Fürchtet euch nicht! Denn wisset wohl: ich verkündige euch große Freude, die dem ganzen Volke widerfahren wird; denn euch ist heute ein Retter geboren, welcher ist Christus[6], der Herr, in der Stadt Davids."

Weitere Bibelstellen:

Johannes 15,11 – Hebräer 12,2 – 1. Petrus 1,8 – Philipper 4,4 – Johannes 16,24 – Sprüche 17,22 – 1. Thessalonicher 5,16 – Psalm 16,11 – Psalm 126,3+6 – Römer 15,13 – Habakuk 3,18 – Nehemia 8,10 – Sprüche 15,13 u.v.m.:

***

Ich glaube, dass ich gesegnet bin, mit allem geistlichen Segen im Himmel durch Jesus Christus.

Epheser 1,3:

„Gepriesen sei der Gott und Vater unsers Herrn Jesus Christus, der uns mit jedem Segen geistlicher Art, (der) in der Himmelswelt (vorhanden ist), in Christus gesegnet hat!"

Galater 3,13+14:

„Christus hat uns vom Fluch des Gesetzes dadurch losgekauft, daß er für uns zum Fluch[geworden ist; denn es steht geschrieben (5.Mose 21,23): »Verflucht ist jeder, der am Holze hängt.« Es sollte eben der dem Abraham verheißene Segen den Heiden in Christus Jesus zuteil werden, damit wir das Verheißungsgut des Geistes durch den Glauben empfangen könnten."

***

Ich glaube, dass Gott meine Wege lenkt und es gut macht. Seine Wege sind nicht meine Wege. Seine Gedanken sind nicht meine Gedanken. Er wird es perfekt machen. Ich glaube, weil ich Gott liebe, wird mir alles zum Besten dienen.

Sprüche 16,2-9:

„Einem Menschen erscheint alles rein, was er unternimmt; aber der HERR wägt die Geister. – Befiehl dem HERRN deine Werke, dann werden deine Pläne gelingen. – Alles hat der HERR für einen bestimmten Zweck geschaffen, so auch den Gottlosen für den Tag des Unglücks. – Jeder Hochmütige ist dem HERRN ein Greuel: die Hand darauf! Ein solcher wird nicht ungestraft bleiben (11,21). – Durch Liebe und Treue wird Verschuldung gesühnt, aber durch Gottesfurcht hält man sich vom Bösen fern. –

Wenn das Verhalten jemandes dem HERRN wohlgefällt, so söhnt er sogar seine Feinde mit ihm aus. – Besser wenig mit Gerechtigkeit, als ein großes Einkommen mit Unrecht. – Des Menschen Herz erdenkt sich seinen Weg, der HERR aber lenkt seine Schritte."

Epheser 1,3:

„Gepriesen sei der Gott und Vater unsers Herrn Jesus Christus, der uns mit jedem Segen geistlicher Art, (der) in der Himmelswelt (vorhanden ist), in Christus gesegnet hat!"

Weitere Bibelstellen:

Sprüche 3,5+6 – Psalm 119,105 – Römer 8,28 – Jesaja 55,8 – Römer 8,32

***

Ich glaube, dass Gott mich bewahrt.

Psalm 91,10-16:

„Ja, du, o HERR, bist meine Zuflucht: den Höchsten hast du zum Schutz dir erwählt. Kein Übel wird dir begegnen, kein Unheilsschlag deinem Zelte nahn; denn seine Engel wird er für dich entbieten, daß sie dich behüten auf all deinen Wegen; auf den Armen werden sie dich tragen, damit dein Fuß nicht stoße an einen Stein; über Löwen und Ottern wirst du schreiten, wirst junge Löwen und Schlangen zertreten. »Weil er fest an mir hängt, so will ich ihn retten, will ihn schützen, denn er kennt meinen Namen. Ruft er mich an, so will ich ihn erhören; ich steh' ihm bei in der Not, will frei ihn machen und geehrt. 16 Mit langem Leben will ich ihn sättigen und lasse ihn schauen mein Heil.«"

Offenbarung 3,10:

„Weil du das Wort vom standhaften Warten auf mich bewahrt hast, will auch ich dich bewahren aus der Stunde der Versuchung, die über den ganzen Erdkreis kommen wird, um die Bewohner der Erde zu versuchen."

Weitere Bibelstellen:

Psalm 121,3-8 – Psalm 119,114 – Sprüche 18,10 – Jeremia 46,4

***

Ich glaube, wenn Gott etwas sagt, dann ist es Ja und Amen. Ich glaube, dass es dann einfach so ist. Punkt. Fertig. Aus. Ich glaube, dass Gott nicht lügen kann. Ich glaube, dass der Teufel der Vater der Lüge ist. Würde ich sein Wort in Frage stellen, würde ich ihn zum Lügner machen. Ich glaube, wer nicht aus Gott ist, hört die Worte Gottes nicht. Ich glaube, alles, was Gott durch mich vollbringt (Frucht und Segen), ist zum Lob für ihn. Ich glaube, Gott hat mich, zusammen mit den anderen Gläubigen und Christus, fest gegründet und gesalbt. Ich glaube, dass er mich mit dem Heiligen Geist versiegelt hat. Ich glaube, er (der Heilige Geist) ist die Anzahlung, die er mir gegeben hat, auf das ewige Leben hin. Ich glaube, wenn Gott spricht, passiert, was er gesprochen hat.

2. Korinther 1,18-22:

„Aber Gott ist Bürge dafür, daß unser Wort, das an euch ergeht, nicht Ja und Nein (zu gleicher Zeit) ist. Denn Gottes Sohn Jesus Christus, der unter euch durch uns gepredigt worden ist, nämlich durch mich und Silvanus und Timotheus, ist auch nicht Ja und Nein (zugleich) gewesen, sondern in ihm ist das »Ja« geschehen; denn für alle Verheißungen Gottes liegt in ihm das »Ja«; daher ist durch ihn auch das »Amen« erfolgt, Gott zur Verherrlichung durch uns. Der uns aber samt euch auf Christus fest gründet und uns gesalbt hat, das ist Gott, er, der uns auch sein Siegel aufgedrückt und uns den Geist als Unterpfand in unsere Herzen gegeben hat."

Johannes 8,31-42:

„Ich lege Zeugnis von mir ab, und der Vater, der mich gesandt hat, legt auch Zeugnis von mir ab.« Da fragten sie ihn: »Wo ist (denn) dein Vater?« Jesus antwortete: »Weder mich noch meinen Vater kennt ihr; wenn ihr mich kenntet, würdet ihr auch meinen Vater kennen.« Diese Worte sprach er aus, als er beim Opferkasten im Tempel lehrte; und niemand legte Hand an ihn, weil seine Stunde noch nicht gekommen war. Aufs neu sagte er dann zu ihnen: »Ich gehe weg; dann werdet ihr mich suchen und in eurer Sünde sterben. Wohin ich gehe, dahin könnt ihr nicht kommen.« Da sagten die Juden: »Will er sich etwa das Leben nehmen, weil er sagt: ›Wohin ich gehe, dahin könnt ihr nicht kommen‹?«"

Weitere Bibelstellen:

Markus 4,12 – Matthäus 13,13 – Psalm 23,5 – 1. Mose 1

***

Ich glaube, dass dein Wort wie eine Leuchte auf meinem Weg ist.

Psalm 119,105:

„Dein Wort ist meines Fußes Leuchte und ein Licht auf meinem Wege."

Weitere Wahrheiten für dein Glaubensleben...

Ab hier bekommst du viel weitere **Glaubensbekenntnisse**, aus Bibelstellen, die ich mir notiert hatte. Lass dich vom Heiligen Geist leiten und dir von ihm zeigen, was für dich **persönlich** wichtig ist. Mache dir Notizen und schreibe dir die Wahrheiten als **Tatsache** auf. Studiere das Wort und ergänze das, was du selbst vom Vater (für dich) gezeigt bekommst. Dies ist nur eine **Auswahl**, zur Inspiration/Hilfe und nicht abschließend! **Verinnerliche** dir die Wahrheiten immer wieder, so kannst du erfolgreich geistlich gegen den Teufel kämpfen. Ein Teil der Wahrheiten habe ich aus unserem Bibelstudientag aufgegriffen. Die Audio-Dateien findest du **kostenlos** zum Download im Mitglieder- und Partnerbereich – Rubrik „Livestreams“ und in der Rubrik „Seminarreihen – Mein Glaubensbekenntnis“. Lese die Bibelstellen in der Bibel nach und danach die freien Worte dazu, als „Tatsache/Wahrheit“ formuliert.

Markus 11,23+24:

Ich glaube, wenn ich um etwas bitte, und im Herzen nicht zweifele, sondern glaube, dass das, worum ich gebeten habe, wenn es gemäß dem Willen Gotte ist, geschieht, so wird es mir zuteilwerden. Jesus sagt: Alles, was ich auch immer im Gebet erbitte, soll ich glauben, dass ich es bereits empfangen habe, so wird es mir zuteilwerden.

Epheser 3,16+17:

Ich glaube, dass Jesus mir nach dem Reichtum <u>seiner</u> Herrlichkeit gibt, dass ich durch <u>seinen</u> Geist gestärkt werde, an dem <u>inneren</u> Menschen.

Römer 15,13:

Ich glaube, dass mein Gott der Hoffnung, mich mit <u>aller</u> Freude und mit Frieden im Glauben erfüllt, so dass ich <u>überströme</u> in der Hoffnung <u>durch</u> die Kraft des Heiligen Geistes.

Hebräer 11,6:

Ich glaube, dass es <u>ohne</u> Glauben <u>unmöglich</u> ist, Gott wohlzugefallen. Ich glaube, wenn ich zu Gott komme, dass ich dann auch glaube, dass er ist und dass er mich <u>belohnt</u>, weil ich ihn suche.

Johannes 11,40:

Ich glaube, wenn ich glaube, werde ich die Herrlichkeit Gottes sehen.

Markus 9,23:

Ich glaube, dass mir alles möglich ist, wenn ich (an den Namen Jesus) glaube. Ich glaube, dass mir mit Jesus alles möglich ist/wird.

Jakobus 1,2-4:

Ich glaube, dass ich es für lauter Freude achten kann, wenn ich in Anfechtungen gerade, weil ich weiß, dass die Bewährung meines Glaubens standhaftes Ausharren bewirkt. Ich glaube, dass das standhafte Ausharren ein vollkommenes Werk hat, damit ich vollkommen und vollständig bin und es mir an nichts mangelt.

Johannes 11,25+26:

Ich glaube, dass Jesus die Auferstehung und das Leben ist. Ich glaube, wenn ich an ihn glaube, werde ich leben, auch wenn ich (physisch) sterbe. Ich glaube, dass, wenn ich an ihn glaube, ich in Ewigkeit nicht sterben werde.

1. Johannes 5,4:

Ich glaube, dass ich, weil ich aus Gott (aus seinem Geist) geboren bin, die Welt überwinde. Ich glaube, dass mein Glaube der Sieg ist, der die Welt ist, der die Welt überwunden hat.

Matthäus 21,22:

Ich glaube, dass das, was ich glaubend im Gebet erbitte, empfangen werde.

Markus 10,52:

Ich glaube, dass mein Glaube an das Erlösungswerk mich rettet. Ich glaube, dass nach der Rettung, hier in dieser Welt, Heilung/Heiligung stattfindet, die im Geist bereits vollkommen vollendet wurde. Es bleibt, in diesem Leben ein „Beginnen“, das im „ewigen Leben“ vollendet wird.

1. Korinther 13,2:

Ich glaube, wenn ich alle Weissagung hätte und alle Geheimnisse wüsste, und alle Erkenntnis und wenn ich allen Glauben besäße, so dass ich Berge versetzen könnte, aber keine Liebe hätte, so wäre ich nichts.

Johannes 6,35:

Ich glaube, dass Jesus das Brot des Lebens ist. Ich glaube, wenn ich zu ihm komme, werde ich nicht hungern. Ich glaube, wenn ich an ihn glaube, wird mich nicht dürsten. Ich glaube, dass ich durch ihn alles bekommen habe, was ich brauche.

Hebräer 11,1:

Ich glaube, dass der Glaube eine feste Zuversicht auf etwas ist, das ich hoffe, eine Überzeugung von Tatsachen, die ich (noch) nicht sehen kann.

Römer 10,10+11:

Ich glaube, dass ich gerecht bin, weil ich im Herzen glaube, dass Gott Jesus von den Toten auferweckt hat (Vers 9). Ich bekenne es mit meinem Mund (Jesus ist mein Herr), deshalb bin ich gerettet. Ich glaube, weil ich an Jesus glaube, werde ich nicht zuschanden werden, im Gericht bestehen und das ewige Leben erben.

Römer 1,17:

Ich glaube, dass die Gerechtigkeit Gottes darin geoffenbart wurde: Aus Glauben zum Glauben und dass ich als Gerechte aus dem Glauben lebe und selbst nichts dazu beigetragen habe. Ich glaube, dass das Erlösungswerk allein auf Gottes Barmherzigkeit, Liebe und Gnade beruht.

1. Korinther 16,13:

Ich glaube, dass es gut ist, zu wachen und fest im Glauben zu stehen, mannhaft und stark zu sein (im Glauben).

Galater 3,26+27:

Ich glaube, dass ich durch den Glauben eine Tochter Gottes (Sohn Gottes) in Christus Jesus geworden bin. Ich glaube, dass ich in Christus hineingetauft wurde und ihn angezogen habe.

Johannes 3,16:

Ich glaube, dass Gott die Welt so sehr geliebt hat, dass er seinen eingeborenen Sohn gab, damit ich, die an ihn glaubt, nicht verloren gehe, sondern ewiges Leben habe.

Markus 16,16:

Ich glaube, weil ich glaube und getauft wurde, dass ich gerettet bin. Ich glaube, dass jeder, der nicht glaubt und getauft wird, verdammt werden wird.

Jakobus 2,17:

Ich glaube, dass mein Glaube Werke (gute) hervorbringt, ansonsten wäre es ein toter Glaube. Ich glaube, dass die Frucht allein wächst, wenn das Wort (Same) bei mir auf fruchtbaren Boden fällt und ich es mir nicht stehlen lasse, Mk. 4,28 – Joh. 12,24 – Mk. 4 – Mt. 13 – Lk. 8 – Joh. 10,10.

Matthäus 17,20:

Ich glaube, dass Unglaube/Zweifel verhindert, dass der Segen zu mir strömt. Ich glaube, wenn ich Glaube habe, so klein wie ein Senfkorn, ohne Zweifel, würde mir nichts unmöglich sein.

1. Johannes 5,4+5:

Ich glaube, weil ich aus Gott geboren bin, überwinde ich die Welt und mein Glaube ist der Sieg, der die Welt überwunden hat. Ich glaube, dass ich jemand bin, der die Welt überwindet, weil ich glaube, dass Jesus der Sohn Gottes ist.

Hebräer 12,1+2:

Ich glaube, dass ich jede Last ablegen kann und die Sünde, die mich so leicht umstrickt und dass ich mit Ausdauer den Kampf laufen kann, der vor mir liegt, indem ich hinschaue auf Jesus, den Anfänger und Vollender des Glaubens, der um der vor ihm liegenden Freude willen das Kreuz erduldete und dabei die Schande für nichts achtete, und der sich zur Rechten des Thrones Gottes gesetzt hat.

Römer 10,4:

Ich glaube, dass Christus für mich das Ende des Gesetzes bedeutet und ich durch meinen Glauben gerecht geworden bin.

Römer 10,17:

Ich glaube, dass der Glaube aus der Verkündigung kommt und die Verkündigung durch Gottes Wort.

Johannes 7,38:

Ich glaube, dass ich den Heiligen Geist empfangen habe, weil ich glaube. Ich glaube, dass der Heilige Geist (für uns) erst kam, als Jesus verherrlicht wurde.

Johannes 6,29:

Ich glaube, dass das das/ein Werk Gottes ist, dass ich an Jesus glaube, den Gott gesandt hat.

Galater 2,20:

Ich glaube, dass ich mit Christus gekreuzigt bin und dass das, was ich jetzt lebe, nicht mehr ich selbst lebe, sondern Christus in mir lebt. Ich glaube, was ich jetzt im Fleisch lebe, das lebe ich im Glauben an den Sohn Gottes, der mich geliebt und sich selbst für mich hingegeben hat. Ich verwerfe die Gnade Gottes nicht; denn, wenn durch das Gesetz Gerechtigkeit kommen würde, so wäre Christus vergeblich gestorben.

Markus 11,23:

Ich glaube, wenn ich zu einem Berg sagen würde, er soll sich erheben und ins Meer werfen, und ich dabei in meinem Herzen nicht zweifeln würde, sondern glauben, dass das, was ich sage, geschehen wird, so wird mir zuteilwerden, was immer ich sage.

Epheser 2,8+9:

Ich glaube, dass ich aus Gnade errettet bin, durch den Glauben und das nicht aus mir heraus ist, sondern es beruht auf Gottes Gabe und Gnade. Ich glaube, dass es nicht aus meinen Werken (geschehen) ist, damit ich mich nicht rühmen kann. Ich glaube, dass ich eine neue Schöpfung bin, die in Christus Jesus zu guten Werken geschaffen wurde, die Gott zuvor bereitet hat, damit ich in ihnen wandeln soll.

Römer 10,9:

Ich glaube, weil ich mit meinem Mund Jesus als den (meinen) Herrn bekenne und in meinem Herzen glaube, dass Gott ihn aus den Toten auferweckt hat, dass ich gerettet bin.

Johannes 20,29:

Ich glaube, dass ich selig bin, weil ich all das glaube, obwohl ich Jesus (noch) nicht physisch gesehen habe.

Lukas 8,50:

Ich glaube, dass ich mich nicht fürchten muss. Ich glaube, wenn ich glaube, werden auch andere Menschen gerettet werden.

Philipper 1,29:

Ich glaube, dass mir in Bezug auf Christus die Gnade verliehen wurde, nicht nur an ihn zu glauben, sondern auch um seinetwillen zu leiden.

1. Johannes 4,17:

Ich glaube, dass die Liebe Gottes bei mir vollkommen geworden ist (durch den Heiligen Geist, der die Liebe Gottes in mein Herz ausgegossen hat, Rö. 5,5) und ich dadurch Freimütigkeit habe am Tag des Gerichts. Ich glaube, so wie Jesus ist, so bin ich in dieser Welt.

1. Thessalonicher 4,14

Ich glaube, weil ich glaube, dass Jesus gestorben und auferstanden ist, dass Gott auch die Entschlafenen, durch Jesus, mit ihm führt (in die Ewigkeit).

Römer 12,3:

Ich glaube, dass ich nicht höher von mir denken soll, als es sich zu denken gebührt, sondern dass ich auf Bescheidenheit bedacht bin, wie Gott mir das Maß des Glaubens zugeteilt hat.

Matthäus 21,21+22:

Ich glaube, wenn ich Glauben habe und nicht zweifele, wird Großes geschehen, und alles, was ich glaubend erbitte im Gebet, das werde ich empfangen!

Römer 5,1:

Ich glaube, weil ich aus Glauben gerechtfertigt bin, habe ich Frieden mit Gott, durch den Herrn Jesus, durch den ich im Glauben auch Zugang erlangt habe zu der Gnade, in der ich stehe, und ich kann mich der Hoffnung auf die Herrlichkeit rühmen.

Römer 1,16:

Ich schäme mich des Evangeliums von Christus nicht. Ich glaube, dass es Gottes Kraft zur Errettung für jeden (incl. mir) ist, aufgrund des Glaubens.

Maleachi 3,18:

Ich glaube, dass Gott einen Unterschied zwischen den Gottlosen und den Gerechten macht, zwischen dem, der Gott dient, und dem, der ihm nicht dient. Zwischen dem, der glaubt und dem, der nicht glaubt.

Habakuk 2,4:

Ich glaube, dass die Seele in den Vermessenen unaufrichtig ist. Ich glaube, dass der Gerechte aus seinem Glauben leben wird.

1. Korinther 15,1+2

Ich glaube, dass ich durch das Annehmen des Evangeliums (im Glauben) gerettet werde und dass ich an dem Wort festhalten muss, das mir verkündet wurde. Ich glaube, dass ich den Lauf bis zum Ende laufen muss, um endgültig den Siegeskranz zu erhalten.

Johannes 1,12:

Ich glaube, weil ich Jesus aufgenommen habe, bekam ich das Anrecht, ein Kind Gottes zu werden, weil ich an seinen Namen glaube, ich bin aus Gott geboren.

Galater 5,1:

Ich glaube, dass es wichtig ist, dass ich mir die Freiheit, zu der mich Christus befreit hat, immer wieder bewusst mache und mich nicht wieder in ein Joch der Knechtschaft spannen lasse.

Johannes 3,36:

Ich glaube, weil ich Jesus habe, **habe** ich das ewige Leben und ich glaube, wenn ich nicht an Jesus glaube, werde ich das/sein Leben (Jesus) nicht sehen, welches Jesus mir gebracht hat. Ich glaube, dass dann der Zorn Gottes weiterhin (in meinem Leben) sichtbar ist/wäre.

1. Timotheus 6,10:

Ich glaube, dass nicht das Geld selbst, sondern die Geldgier die Wurzel alles Bösen ist. Ich glaube, wenn ich mich ihr (und/oder der Habsucht, die Götzendienst ist, Kol. 3,5 – Eph. 5,3) hingeben würde, könnte ich vom Glauben abirren und mir damit selbst viele Schmerzen verursachen/zufügen.

Römer 12,1+2:

Ich glaube, dass Gott barmherzig ist und dass es wichtig ist, dass ich ihm meinen Leib als lebendiges, heiliges und ihm wohlgefälliges Opfer darbringe. Ich glaube, dass das der vernünftige Gottesdienst ist. Ich glaube, dass ich in meinem Wesen, in meinen Gedanken und Sinnen, verändert werden muss (und von ihm verändert werde), damit ich (überhaupt) prüfen kann, was der gute und wohlgefällige und vollkommene Wille Gottes ist.

Markus 4,20:

Ich glaube, wenn der Same Gottes (das Wort Gottes) bei mir auf gutes Erdreich fällt, dass der Boden es aufnimmt und Frucht bringen wird, 30fach, 60fach oder 100fach.

Johannes 14,12-14:

Ich glaube, wenn ich an Jesus glaube, dann werde ich die Werke auch tun, die er getan hat und ich werde noch größere tun können als er, weil er zum Vater gegangen ist. Denn er tut die Werke, der, der in mir lebt. Ich glaube, dass Jesus alles tun wird, worum ich ihn bitte, damit der Vater verherrlicht wird in dem Sohn. Ich glaube, dass ich tätig sein kann, mit der Gabe, die er mir zum Dienst geschenkt hat.

1. Timotheus 3,16:

Ich glaube, dass Gott und dass Jesus, der Herr des Friedens, mir Frieden geben wird. Allezeit und auf alle Weise. Ich weiß, dass er mit mir ist. Ich weiß, dass ich diesen Frieden (und alles andere), durch den Geist, bereits hier auf der Erde haben kann, Gal. 5,22+23.

Römer 1,19+20:

Ich glaube, dass Gott sich in der Schöpfung unter allen Menschen erkennbar gemacht hat. Ich glaube, dass sein unsichtbares Wesen, nämlich seine ewige Kraft und Gottheit, seit der Erschaffung der Welt an den Werken (durch Nachdenken) wahrgenommen werden kann. Ich glaube, dass kein Mensch eine Entschuldigung haben wird, wenn er am Ende sagt: „Ich wusste nicht, dass es (einen) Gott gibt." Ich glaube, dass jeder Gott erkennen konnte und allen das Evangelium verkündet worden ist, wenn Jesus wiederkommt.

Hebräer 3,14:

Ich glaube, dass ich Anteil an Christus bekomme, wenn ich an der anfänglichen Zuversicht bis zum Ende standhaft festhalte.

Apostelgeschichte 2,41:

Ich glaube, weil ich sein Wort bereitwillig angenommen habe, mich taufen ließ und Jesus als Retter und auch Herrn angenommen (und bekannt) habe, dass meine Seele hinzugetan wurde.

Markus 10,29-31:

Ich glaube, weil ich um Jesus (und des Evangeliums willen), vieles aufgegeben habe, dass ich hundertfältig empfangen werde, jetzt schon, in dieser Zeit, und in der künftigen Weltzeit das ewige Leben. Ich glaube, dass viele von den Ersten Letzte sein, und viele von den Letzten Erste sein werden.

Hebräer 11,39:

Ich will eine Nachfolgerin sein, die nicht feige zurückweicht, zum Verderben, sondern eine, die glaubt, zur Errettung ihrer Seele.

Matthäus 11,28+29:

Ich glaube, wenn ich mühselig und beladen bin und damit zu Jesus komme, er mich erquicken wird. Ich glaube, dass sein Joch leicht ist. Ich will von Jesus lernen. Ich glaube, dass Jesus sanftmütig und von Herzen demütig ist. Ich glaube, dass ich bei ihm Ruhe für meine Seele finde.

Psalm 62,2+3:

Ich glaube, dass meine Rettung nur von Gott kommt. Ich glaube, dass er mein Fels, mein Heil und meine sichere Burg ist.

Psalm 23:

Ich glaube, dass der Herr (Jesus) mein Hirte ist und es mir an nichts mangeln wird. Ich glaube, dass er mich auf grünen Auen weidet und mich zu stillen Wassern führt. Ich glaube, dass er meine Seele erquickt und mich auf rechter Straße führt, um seines Namens willen. Ich glaube, wenn ich durch ein dunkles Tal wandere, dass ich kein Unglück fürchten muss, weil Jesus/Gott bei mir ist/sind. Ich glaube, dass er mich tröstet. Ich glaube, dass er mir im Angesicht meiner Feinde den Tisch deckt und mich mit Öl salbt. Ich glaube, dass Gott meinen Becher so weit füllt, dass er überläuft. Ich glaube, dass mir nur Güte und Gnade folgen werden, mein Leben lang und dass ich im Haus Gottes für immer bleibe. Weil er gut ist! Um seines Namens Willen! Ihm zur Ehre, mir zum Segen!

Psalm 4,9:

Ich glaube, dass ich mich in Frieden niederlegen und schlafen kann. Ich glaube, dass Gott allein mich sicher wohnen lässt.

Jeremia 6,16:

Ich glaube, wenn ich auf den Wegen Gottes (für mich) wandele, wenn ich nach *seinen* Pfaden frage, wenn ich frage, welches der gute Weg ist, dann werde ich für meine Seele Ruhe finden. Ich glaube, dass ich diese Ruhe und den Frieden schon habe (durch den Geist), weil ich im Glauben an Jesus lebe.

Psalm 91:

Ich glaube, weil ich unter dem Schirm des Höchsten sitze, bleibe ich im Schatten des Allmächtigen. Ich glaube, dass Gott meine Zuflucht und meine sichere Burg, mein Gott, auf den ich traue! Ich glaube, dass er mich vor den Schlingen des Vogelstellers (Teufels) und vor der verderblichen Pest retten und bewahren will. Ich glaube, dass er mich mit seinen Fittichen decken wird und dass ich mich unter seinen Flügeln bergen kann. Ich glaube, dass seine Treue mein Schirm und mein Schild ist. Ich glaube, dass ich mich nicht zu fürchten brauche, vor dem Schrecken der Nacht oder vor dem Pfeil, der bei Tag fliegt oder vor der Pest, die im Finstern schleicht oder vor der Seuche, die am Mittag verderbt. Ich glaube, wenn auch tausend zu meiner Seite fallen oder zehntausend zu meiner Rechten, so wird es doch mich nicht treffen. Ich glaube, dass ich mit eigenen Augen sehen und zuschauen werde, wie den Gottlosen vergolten wird. Ich glaube, dass der Herr meine Zuversicht ist, und das spreche ich aus. Ich habe den Höchsten zu meiner Zuflucht gemacht und mir wird kein Unglück zustoßen und keine Plage wird sich mir nahen. Ich glaube, dass Gott seinen Engeln meinetwegen Befehl geben wird, dass sie mich auf all meinen Wegen behüten. Ich glaube, dass sie mich auf Händen tragen werden, damit ich meinen Fuß nicht an einen Stein stoße. Ich glaube, dass ich auf Löwen und Otter meinen Fuß setzen und den Junglöwen und den Drachen zertreten werde. Weil ich mich an Gott und Jesus klammere, werden sie mich erretten und ich bin beschützt, weil sie meinen Namen kennen. Wenn ich rufe, so erhören sie mich in der Not und der Vater wird mich befreien und zu Ehren bringen und er wird mich mit langem Leben sättigen und mich sein Heil schauen lassen.

Psalm 34,10:

Ich glaube, wenn ich eine gesunde Ehrfurcht vor Gott und seinem Sohn Jesus Christus habe, werde ich keinen Mangel haben.

Matthäus 12,18-21:

Ich glaube, dass Gott an mir Wohlgefallen hat, weil ich durch das Blut Jesu gerecht geworden bin. Er hat seinen Geist auf mich gelegt und er wird (wie bei Jesus) das geknickte Rohr nicht zerbrechen und den glimmenden Docht nicht auslöschen. Ich glaube, dass Jesus uns zum Sieg geführt hat, und ich glaube an seinen Namen.

1. Petrus 4,7:

Ich glaube, dass das Ende aller Dinge nahegekommen ist. Ich glaube, dass ich nun besonnen und nüchtern im Gebet sein sollte, damit mir mein Siegeskranz nicht gestohlen wird.

Johannes 10,28-30:

Ich kenne die Stimme meines Hirten und er kennt mich und ich folge meinem Hirten Jesus nach. Er gibt mir ewiges Leben und ich werde in Ewigkeit nicht verlorengehen, und niemand wird mich aus seiner Hand reißen. Gott, der Vater, hat mich in die Hände Jesu gegeben. Gott ist größer als alle/alles und niemand kann mich aus der Hand von Jesus, meinem König reißen. Ich glaube, dass Jesus und der Vater eins sind.

Sprüche 8,35:

Ich glaube, weil ich Gott und Jesus gefunden habe (zum Glauben gefunden und das Evangelium angenommen habe), habe ich das Leben (Jesus ist der Weg, die Wahrheit und das Leben, Johannes 14,6) gefunden und Wohlgefallen vor Gott erlangt.

1. Petrus 5,10:

Ich glaube, dass Gott, der der Gott aller Gnade ist, der mich berufen hat zu seiner ewigen Herrlichkeit in Christus Jesus, ich glaube, dass er mich, nachdem ich eine kurze Zeit gelitten habe (wie Jesus in der Wüste z.B.), völlig zubereitet, gefestigt, gestärkt und gegründet werde. Ich glaube, dass Gott die Herrlichkeit und Macht von Ewigkeit zu Ewigkeit gehört.

1. Johannes 2,17:

Ich glaube, dass die Welt und ihre Lust vergehen werden, aber diejenigen, die den Willen Gottes tun, in Ewigkeit bleiben.

2. Korinther 4,18:

Ich glaube, dass das, was sichtbar ist, zeitlich und das, was unsichtbar ist, ewig ist. Deshalb sehe ich nicht (!) auf das Sichtbare, sondern auf das Unsichtbare.

Römer 8,17:

Ich glaube, dass ich Gottes Kind und Erbe, Miterbe von Jesus, bin. Ich glaube, auch wenn ich mit ihm leide (in bestimmten Bereichen), ich dennoch in die Herrlichkeit erhoben werde.

Römer 4,17:

Ich glaube, dass Gott Tote lebendig macht und das Nichtseiende ruft, dass es sei. Ich glaube, dass ich (bevor ich zum Glauben kam), tot war! Jesus hat mich auferweckt zu einem neuen (lebendigen, ewigen) Leben, 2. Korinther 5,17.

1. Johannes 5,11:

Ich glaube, dass alles geschrieben wurde, damit ich (und andere), die an den Namen des Sohnes Gottes (Jesus) glauben, dass ich weiß, dass ich ewiges Leben habe und damit ich auch weiterhin an den Namen des Sohnes Gottes (Jesus) glaube.

1. Timotheus 4,8:

Ich glaube, dass die leibliche Übung wenig nützt, die Gottesfurcht aber für alles nützlich ist, da sie die Verheißungen für dieses und das zukünftige Leben hat.

2. Korinther 4,17:

Ich glaube, dass meine Bedrängnisse schnell vorübergehend und leicht sind und mir eine ewige und über allen Maßen gewichtige Herrlichkeit verschaffen, weil ich nicht auf das sehe, was sichtbar, sondern auf das, was unsichtbar ist. Ich glaube, dass das, was sichtbar ist, zeitlich ist und das, was unsichtbar ist, ewig besteht.

2. Johannes 1,8:

Ich will mich vorsehen, dass ich nicht verliere, was ich erarbeitet habe und vollen Lohn empfange.

Psalm 139,23+24:

Ich glaube, dass Gott mich erforscht und mein Herz erkennt, und ich will dies auch, Ich glaube, dass er mich prüft und erkennt, wie ich es meine. Ich glaube, dass er mich (durch den Heiligen Geist) überführt, wenn ich auf einem bösen Weg bin und ich glaube, dass er mich auf den ewigen Weg leiten wird.

Johannes 17,3:

Ich glaube, dass dies (bereits) das ewige Leben ist, dass ich dich, den allein wahren Gott, und den du gesandt hast, Jesus Christus, erkenne.

Römer 6,23:

Ich glaube, dass der Lohn der Sünde der Tod ist, aber die Gnade Gottes das ewige Leben in Christus Jesus, meinem Herrn ist.

Johannes 5,17:

Ich glaube, dass Gott wirkt und Jesus wirkt, weil er lebt.

Offenbarung 21,3+4:

Ich glaube, dass am Ende Gott bei uns Menschen wohnen wird und wir werden seine Völker sein, und Gott selbst wird bei uns sein, als unser Gott. Ich glaube, dass er alle meine Tränen von meinen Augen abwischen und der Tod nicht mehr sein wird. Ich glaube, dass es dann weder Leid noch Geschrei noch Schmerz geben sein wird, denn das Erste ist vergangen ist. Ich glaube, dass der Teufel bereits besiegt ist und ich durch den Geist bereits jetzt Anteil an dieser Freiheit habe.

Matthäus 7,13+14:

Ich glaube, dass wir durch die enge Pforte gehen müssen und ich glaube, dass es eine weitere, weite Pforte gibt, deren Weg ins Verderben führt und dass es viele sind, die da hineingehen. Ich glaube, dass die wahre Pofte eng und der Weg schmal ist, der zum Leben führt und es wenige sind, die ihn finden. Aber ich glaube auch, dass es im Haus des Vaters viele Wohnungen gibt, die Jesus gerade für uns bereitet, Johannes 14,2.

Römer 8,18:

Ich glaube, dass meine Leiden der jetzigen Zeit nicht ins Gewicht fallen werden, gegenüber der Herrlichkeit, die an mir geoffenbart werden soll.

Johannes 4,14:

Ich glaube, dass das Wasser, das Jesus mir gibt, dafür sorgt, dass es mich in Ewigkeit nicht dürstet. Ich glaube, dass das Wasser, das er mir gibt, in mir zu einer Quelle von Wasser wird, die bis ins ewige Leben quillt/weitersprudelt.

Matthäus 10,39:

Ich glaube, wer sein Leben (hier in der Welt) behalten wird, wird es verlieren. Ich glaube, weil ich mein Leben aufgegeben habe, um Jesu willen, habe ich das wahre Leben gefunden.

Offenbarung 1,8:

Ich glaube, dass Jesus der Anfang und das Ende ist. Ich glaube, dass Jesus schon war, bevor er auf die Erde kam und dass er wiederkommen wird und niemand diesen Zeitpunkt kennt, als nur der Vater. Ich glaube, dass Jesus Gott ist, der Allmächtige.

Psalm 37,28:

Ich glaube, dass Gott das Recht (und die Gerechtigkeit) liebhat und dass er mich, als eine Getreue, nicht verlässt. Ich glaube, dass ich ewiglich bewahrt werde und dass der Same der Gottlosen ausgerottet wird.

Offenbarung 21,7+8:

Ich glaube, wenn ich überwinde, werde ich alles erben (jetzt habe ich als Anzahlung den Heiligen Geist bekommen habe und Gott wird mein Gott sein und ich werde seine Tochter (Sohn) sein – in Ewigkeit. Ich glaube, dass die Feiglinge, die Ungläubigen und mit Gräuel Befleckten und Mörder und Unzüchtigen und Zauberer und Götzendiener und alle Lügner von Gott getrennt sein werden, in dem See, der von Feuer und Schwefel brennt. Ich glaube, dass dies der zweite (und auch endgültige) Tod ist.

2. Timotheus 2,11:

Ich glaube, dass das Wort glaubwürdig ist und ich glaube, wenn ich mitgestorben bin (mit Christus) dass ich auch mit ihm lebe. Wenn ich standhaft ausharre, so werde ich mitherrschen, wenn ich verleugne, so wird er auch mich verleugnen, wenn ich untreu bin, bleibt er doch treu. Er kann sich nicht selbst verleugnen.

Hesekiel 18,22:

Ich glaube, dass diejenigen, die sich bekehren, leben werden! Ich glaube, weil ich neu geboren bin, dass ich ewig leben werde.

2. Korinther 5,1:

Ich glaube, dass der Herr zu fürchten ist und das ist mir bewusst. Deshalb suche ich Menschen zu überzeugen. Gott ist offenbar und ich hoffe, dass ich im Gewissen mancher Menschen offenbar bin, dass sie sich an meine Worte erinnern.

2. Mose 23,25:

Ich glaube, wenn ich Gott aufrichtig diene und den Segen, den Jesus für mich errungen hat, annehme (weil Jesus für mich alle Gebote gehalten hat), dass Gott mein Brot und mein Wasser segnet und er jede

Krankheit aus meiner Mitte hinwegnimmt. Ich glaube, dass Jesus am Kreuz alle Krankheit für mich getragen hat und ich glaube, dass ich diese Wahrheiten im Glauben annehmen muss, damit sie in meinem Leben zur Wahrheit werden.

Psalm 147,3:

Ich glaube, dass Gott mich heilt, wenn ich zerbrochenen Herzens bin und meine Wunden verbindet. Ich bin in Christus bereits heil geworden.

Sprüche 17,22:

Ich glaube, wer ein verkehrtes Herz hat, findet nichts Gutes und wer eine arglistige Zunge hat, fällt ins Unglück.

Matthäus 10,8:

Ich glaube, dass Jesus auch heute noch (durch seine Jünger) Kranke heilt, Aussätzige reinigt, Tote auferweckt und Dämonen austreibt. Ich glaube, dass ich diese/seine Gaben (in uns) umsonst empfangen habe und es deshalb auch umsonst weitergebe.

1. Korinther 6,19+20:

Ich glaube, dass mein Leib ein Tempel ist, und dass der Heilige Geist (den ich von Gott empfangen habe), in mir wohnt. Ich glaube, dass ich mir nicht mehr mir selbst gehöre. Ich glaube, dass ich teuer erkauft bin. Ich will Gott in meinem Leib und in meinem Geist verherrlichen, weil ich ihm bin/gehöre.

Sprüche 3,7+8:

Ich glaube, dass es gut ist, mich nicht selbst für weise zu halten, den Herrn zu fürchten und dem Bösen fernzubleiben. Ich glaube, dass ich dadurch nicht mit dem Teufel gemeinsame Sache mache und ich gesund bin und meine Beine erquickt werden (Neuer Bund: Durch Jesu Wunden bin ich heil geworden – ich will mir meine Heilung nicht stehlen lassen).

Matthäus 9,12:

Ich glaube, dass Gott will, dass ich lerne, was Barmherzigkeit ist. Er will, dass ich weiß, was es bedeutet, barmherzig zu sein, statt Opfer zu bringen. Ich glaube, dass Jesus nicht gekommen ist, Gerechte zu berufen, sondern Sünder zur Buße.

1. Timotheus 6,17-19:

Ich glaube, dass, wenn Gott mir Reichtum schenkt, dass ich nicht hochmütig sein soll und auch nicht meine Hoffnung auf die Unbeständigkeit des Reichtums setzen sollte, sondern (weiterhin) auf ihn, den lebendigen Gott, der mir alles reichlich zum Genuss darreicht. Ich soll Gutes tun, reich werden an guten Werken, freigiebig sein, bereit, mit anderen zu teilen, damit ich das ewige Leben ergreife (schon in dieser Welt) und so für mich selbst eine gute Grundlage für die Zukunft sammele.

Sprüche 13,12:

Ich glaube, dass hingehaltene Hoffnung das Herz krank macht und ein erfüllter Wunsch ein Baum des Lebens ist. Durch Jesus kann ich ständig hoffnungsvoll sein, weshalb das Leben durch mich fließt.

Jesaja 41,10:

Ich glaube, dass ich mich nicht fürchten muss, weil Gott mit mir ist. Ich glaube, dass ich nicht ängstlich sein muss, weil mein Gott mich stärkt und mir hilft. Ich glaube, dass er mich durch die rechte Hand seiner Gerechtigkeit erhält (Jesus?).

Psalm 56,4+5:

Ich glaube, wenn ich ängstlich bin, kann ich dir, mein Gott, vertrauen. Ich vertraue auf dich, großer Gott. Ich will dich, großer Gott, rühmen (und dein Wort), ich vertraue auf dich und fürchte mich nicht.

Josua 1,9:

Ich glaube, weil Gott es mir sagt, ja, weil er es mir geboten hat, werde ich stark und mutig sein. Ich bin unerschrocken und verzage nicht, denn mein Gott ist mit mir, überall, egal wo ich hingehe.

Philipper 4,6+7:

Ich glaube, dass ich mich um nichts sorgen muss, sondern in allem lasse ich meine Anliegen in Gebet und Flehen, mit Danksagung, vor Gott kundwerden. Ich glaube, dass dann, jedes Mal, der Frieden Gottes, der allen Verstand übersteigt, mein Herz und meine Gedanken bewahrt, in Christus Jesus.

Jesaja 41,13:

Ich glaube, dass, in Schwierigkeiten mein Gott meine rechte Hand ergreift und mir sagt: Fürchte dich nicht, ich helfe dir!

Psalm 118,6+7:

Ich glaube, dass der Herr für mich ist und fürchte mich deshalb nicht. Was kann ein Mensch mir schon antun? Ich glaube, dass Gott für mich ist und mir zu Hilfe kommt.

1. Johannes 4,18+19:

Ich glaube, dass in der Liebe Gottes keine Furcht ist. Ich glaube, dass Gottes Liebe zu mir vollkommen ist und diese vollkommene Liebe alle Furcht austreibt. Ich glaube, dass ich mich fürchte, wenn ich auf Strafe hoffe und wenn ich mich fürchte, bin ich in dem Moment nicht vollkommen in der Liebe geworden. Ich gehe dann wieder in seine Liebe und die Furcht muss gehen! Ich glaube, dass ich Gott liebe, weil er mich zuerst geliebt und mir seine Liebe bewiesen hat.

1. Petrus 5,6+7:

Ich glaube, dass es gut ist, dass ich mich unter die gewaltige Hand Gottes demütige, damit er mich zu seiner Zeit erhöhen kann. Ich glaube, wenn ich all meine Sorge auf ihn werfe, wird er für mich sorgen.

2. Timotheus 1,7:

Ich glaube, dass Gott mir mit seinem Geist (Heiligen Geist) nicht einen Geist der Furchtsamkeit gegeben hat, sondern der Kraft und der Liebe und der Besonnenheit (bzw. Zucht).

Sprüche 29,25:

Ich glaube, dass es ein Fallstrick ist, wenn ich mich vor Menschen (und wie sie mir gegenüber sein könnten, z.B. Ablehnung) fürchte. Ich glaube, wenn ich auf Gott vertraue, bin ich geborgen.

Psalm 27,1:

Ich glaube, dass der Herr mein Licht und mein Heil ist und ich mich vor niemandem fürchten muss.

Psalm 34,5:

Ich glaube, wenn ich den Herrn suche, antwortet er mir und rettet mich aus all meinen Ängsten.

5. Mose 31,6:

Ich glaube, dass ich stark und mutig sein kann und mich nicht fürchten muss, denn mein Gott geht selbst mit mir und wird mich nicht aufgeben und mich nicht verlassen.

Lukas 21,24:

Ich glaube, dass es wichtig ist, wachsam zu sein und mich nicht mit Rausch und Trunkenheit (jeglicher Art) noch, dass ich mich mit den Sorgen des Lebens beschwere. So bin ich vorbereitet für den Tag, an dem Jesus wiederkommt.

Johannes 14,1:

Ich glaube, dass mein Herz nicht erschrecken soll, egal, was geschieht. Ich glaube an Gott und an Jesus und vertraue ihm/ihnen.

Römer 8,15:

Ich glaube, dass ich mit dem Heiligen Geist nicht einen Geist der Knechtschaft empfangen habe, so dass ich mich wiederum fürchten müsste, sondern ich glaube, dass ich den Geist des Sohnes empfangen habe, in dem ich rufe: Abba, Vater!

Matthäus 10,29-31:

Ich glaube, dass ich so viel mehr wert bin als die Sperlinge, die der Vater ständig im Blick hat. Ich glaube, dass ich überreich gesegnet bin.

Hebräer 13,6:

Ich glaube, dass der Herr mein Helfer ist und ich mich deshalb nicht fürchten muss, egal, was ein Mensch mir antun könnte.

Lukas 12,32:

Ich glaube, dass ich mich nicht fürchten muss. Ich glaube, dass es Gott/meinem Vater wohl gefallen hat, mir sein Reich zu geben!

1. Petrus 3,14:

Ich glaube, auch wenn ich wegen der Gerechtigkeit Gottes leiden sollte, bin ich trotzdem glückselig. Das Drohen muss ich nicht fürchten und ich lasse mich nicht beunruhigen. Vielmehr heilige ich Gott, den Herrn in meinem Herzen. Ich bin allezeit bereit zur Verantwortung gegenüber jedermann, der Rechenschaft fordert über die Hoffnung, die in mir ist (mit Sanftmut und Ehrerbietung). Und ich bewahre ein gutes Gewissen, damit die, welche meinen guten Wandel in Christus verlästern, zuschanden werden in dem, worin sie mich als Übeltäter verleugnen mögen.

Psalm 56,5:

In Gott will ich rühmen sein Wort, auf Gott vertraue ich und fürchte mich nicht!

Psalm 103,13:

Ich glaube, wie ein Vater sich über seine Kinder erbarmt, so erbarmt sich der Herr über mich, weil ich ihn (gesund) fürchte (und weiß, dass er mich liebt!).

Lukas 8,50:

Ich glaube, dass ich Jesus glauben sollte, wenn er sagt, dass ich mich nicht fürchten soll und wenn ich ihm (und dem Evangelium) glauben kann, dass ich geheilt und gerettet bin.

Psalm 31,20:

Ich glaube, dass Gottes Güte groß ist und dass er mich bewahrt, weil ich ihn (gesund) fürchte. Ich glaube, dass er mir Güte erweist, weil Jesus für mich starb und ich (vor Gott) gerecht bin (durch sein Blut), dass er gütig ist, wenn ich bei ihm Zuflucht suche.

Matthäus 10,28:

Ich glaube, dass ich mich nicht vor denen fürchten muss, die Leib und Seele töten können, sondern ich fürchte mich vor demjenigen, der die Macht hat, Seele und Leib zu verderben und in die Hölle zu werfen.

Psalm 37,3:

Ich glaube, dass ich auf den Herrn vertrauen kann, Gutes tue, im Land wohnen und Treue üben, sowie Lust am Herrn haben kann/soll. Ich glaube, dass er mir gibt/geben will/wird, was mein Herz begehrt.

Sprüche 21,21:

Ich glaube, wenn ich eifrig nach Gottes Gerechtigkeit und seinem Reich trachte (Matthäus 6,33), finde/habe ich Leben, Gerechtigkeit und Ehre.

Römer 2,6:

Ich glaube, dass Gott jedem nach seinen Werken vergelten wird. Meine Errettung geschieht aus Glauben, mein Lohn bekomme ich für die Werke, die ich hier auf der Erde getan habe.

Galater 3,6+7:

Ich glaube, gleichwie Abraham Gott geglaubt hat und es ihm zur Gerechtigkeit angerechnet wurde, so auch ich. Ich glaube, weil ich aus dem Glauben an Jesus bin, gehöre ich zu Abrahams Erben.

Philipper 2,9-11:

Ich glaube, dass Gott unseren Herrn Jesus über alle Maßen erhöht und ihm einen Namen verliehen hat, der über allen Namen ist, damit sich in dem Namen Jesu alle Knie derer beugen, die im Himmel und auf Erden und unter der Erde sind. Ich glaube, dass alle Zungen bekennen (werden), dass Christus der Herr ist, zur Ehre Gottes, des Vaters.

Matthäus 6,33:

Ich glaube, dass wir zuerst nach dem Reich Gottes und nach seiner Gerechtigkeit trachten sollen, dann wird alles, was wir benötigen, hinzugefügt werden.

Psalm 112,6:

Ich glaube, dass ich als Gerechte ewiglich nicht wanken werde und dass an mich, als Gerechte, ewiglich gedacht wird.

Sprüche 21,3:

Ich glaube, dass Recht und Gerechtigkeit üben dem Herrn lieber ist als Opfer.

Psalm 34,16:

Ich glaube, dass die Augen Gottes auf mich, als Gerechte, gerichtet sind und Gott auf mich achtet. Seine Ohren hören auf mein Schreien.

Galater 6,9:

Ich glaube, wenn ich im Gutes tun nicht müde werde, wenn ich nicht ermatte, werde ich zu seiner Zeit ernten.

2. Korinther 5,21:

Ich glaube, dass Gott Jesus, der von keiner Sünde wusste, für mich zur Sünde gemacht hat, damit ich in ihm zur Gerechtigkeit würde.

Titus 2,11+12:

Ich glaube, dass die Gnade Gottes erschienen (Jesus) und heilbringend ist für mich ist (und für alle Menschen). Ich glaube, dass sie mich in Zucht nimmt, damit ich die Gottlosigkeit und die weltlichen Begierden verleugne. Ich will besonnen und gerecht und gottesfürchtig leben, in der jetzigen Weltzeit.

Sprüche 10,2:

Ich glaube, dass durch Gottlosigkeit (als wir noch Sünder waren) erworbene Schätze nichts nützen, aber die Gerechtigkeit, die ich durch Christus geworden bin, vom Tod errettet.

Sprüche 11,18:

Ich glaube, dass der Gottlose trügerischen Gewinn erwirbt, wenn ich aber in Gerechtigkeit (in Christus) säe, werde ich wahrhaftig belohnt.

Psalm 37,5+6:

Ich glaube, wenn ich dem Herrn meine Wege befehle und auf ihn vertraue, so wird er es (für mich) vollbringen, 2. Mose 14,14.

Matthäus 5,6:

Ich glaube, dass ich glückselig bin, weil ich nach Gottes Gerechtigkeit hungere und dürste, deshalb werde ich satt werden.

Jakobus 5,16:

Ich glaube, wenn ich meine Übertretungen Geschwistern bekenne und wir füreinander beten, werde ich geheilt (auf allen Ebenen meines Lebens). Ich glaube, was ans Licht kommt, wird Licht (Epheser 5,13+14).

Psalm 119,137:

Ich glaube, dass Gott gerecht ist und seine Bestimmungen richtig sind.

Jesaja 54,17:

Ich glaube, dass es keiner Waffe, die gegen mich geschmiedet ist, gelingen wird, gegen mich anzugehen.

Psalm 55,23:

Ich glaube, wenn ich mein Anliegen auf den Herrn werfe, wird er für mich sorgen. Er wird mich, als Gerechte, in Ewigkeit nicht wanken lassen, 1. Petrus 5,7.

Galater 5,4:

Ich glaube, wenn ich losgetrennt von Christus wäre, weil ich durch das Gesetz gerecht werden wollte, wäre ich aus der Gnade gefallen. Ich aber erwarte im Geist, aus Glauben, die Hoffnung der Gerechtigkeit, durch den Glauben, der durch die Liebe (Gottes) wirksam ist.

Römer 3,3:

Ich glaube, dass, auch wenn ich untreu bin, dies die Treue Gottes nicht aufhebt.

Matthäus 5,16:

Ich glaube, dass ich mein Licht leuchten lassen soll (als Salz und Licht der Erde), vor den Leuten, dass sie meine guten Werke sehen und meinen Vater im Himmel preisen.

2. Korinther 6,14:

Ich glaube, dass es nicht gut ist, an einem Joch mit einem Ungläubigen zu ziehen. Ich glaube, dass die Gerechtigkeit nichts mit der Gesetzlosigkeit zu tun hat und das Licht keine Gemeinschaft mit der Finsternis haben kann.

Jesaja 61,10+11:

Ich glaube, dass es gut ist, mich sehr in dem Herrn zu freuen und dadurch meine Seele fröhlich ist, in meinem Gott; denn er hat mir Kleider des Heils angezogen, mit dem Mantel der Gerechtigkeit mich bekleidet. Wie ein Bräutigam sich den priesterlichen Kopfschmuck anlegt und wie eine Braut sich mit ihrem Geschmeide schmückt. Ich glaube, gleichwie das Erdreich sein Gewächs hervorbringt und ein Garten seinen Samen sprossen lässt, so wird Gott, der Herr, Gerechtigkeit und Ruhm hervorsprossen lassen vor allen Heidenvölkern.

Epheser 1,13:

Ich glaube, dass ich, nachdem ich das Wort der Wahrheit, das Evangelium, gehört habe, in ihm, als ich gläubig wurde, versiegelt worden bin mit dem Heiligen Geist der Verheißung, der ein Unterpfand meines Erbes ist, bis zur Erlösung des Eigentums, zum Lob von Gottes Herrlichkeit.

Römer 10,4:

Ich glaube, dass mit Jesus das Gesetz (zur Gerechtigkeit) geendet hat, für mich, weil ich glaube!

Matthäus 5,14:

Ich glaube, dass ich ein Teil des Lichtes der Welt bin und nicht verborgen bleiben soll, wie eine Stadt, die auf einem Berg liegt, nicht verborgen bleiben kann.

Jesaja 33,22:

Ich glaube, dass der Herr mein Richter ist, er ist mein Gesetzgeber und mein König (Monarchie), er hat mich gerettet.

1. Petrus 2,24:

Ich glaube, dass Jesus meine Sünden selbst an seinem Leib getragen hat, auf dem Holz, damit ich, den Sünden gestorben, der Gerechtigkeit leben kann. Ich glaube, dass ich durch seine Wunden heil geworden bin.

Hebräer 6,10:

Ich glaube, dass Gott nicht ungerecht ist, dass er mein Werk und die Bemühung in der Liebe vergäße, die ich für seinen Namen bewiesen habe, indem ich den Heiligen diente und noch diene.

1. Petrus 3,12:

Ich glaube, dass die Augen des Herrn auf mich als Gerechte sehen und seine Ohren auf mein Flehen hören.

1. Korinther 6,12:

Ich glaube, dass mir alles erlaubt, aber nicht alles nützlich und gut für mich ist. Ich glaube, dass mir alles erlaubt ist, aber ich glaube auch, dass mich nichts beherrschen darf/sollte. Ich glaube, dass mir dies schaden würde.

Sprüche 3,3:

Ich glaube, dass Gnade und Wahrheit mich nicht verlassen werden. Ich binde sie um meinen Hals und Gott hat sie in mein Herz geschrieben.

Psalm 145,17+18:

Ich glaube, dass Gott gerecht in allen seinen Wegen ist und gnädig in allen seinen Werken. Ich glaube, dass er nahe bei mir ist, wenn ich ihn anrufe, wenn ich ihn in Wahrheit anrufe.

Jesaja 53,4+5:

Ich glaube, dass Jesus meine Krankheiten und meine Schmerzen auf sich geladen hat. Ich glaube, dass er wegen meiner Missetaten zerschlagen wurde und meine Strafe auf ihm lag, damit ich Frieden haben kann. Durch seine Wunden bin ich heil geworden.

Matthäus 8,16+17:

Ich glaube, dass eine große Volksmenge von Jesus geheilt werden wollte und er die Kranken heilte und Dämonen austrieb. Ich glaube, dass er das tat, damit sich Jesaja 53 erfüllte. Ich glaube, dass er alles getragen hat und dass er heute noch heilt, weil er lebt. Er lebt in uns und vollbringt seine Werke weiter.

Maleachi 3,20:

Ich glaube, dass mir, weil ich Gottes Namen fürchte und das Gnadenwerk vom Kreuz angenommen habe, die Sonne der Gerechtigkeit aufgehen und Heilung unter meinen Flügeln sein wird. Ich glaube, dass ich herauskommen und hüpfen werde, wie ein Kalb aus dem Stall.

Maleachi 3,10+11:

Ich glaube, wenn ich den Zehnten ganz in das Vorratshaus bringe, damit Speise im Haus Gottes ist, dass Gott mir die Fenster des Himmels öffnet und mir Segen in überreicher Fülle herabschütten wird. Er wird den Fresser schelten, dass er meine Frucht nicht verdirbt. Ich glaube, dass mit dem Tausch am Kreuz für mich bereits alles vollbracht wurde und aufgrund dessen mir Gott bereits die Fenster des Himmels öffnet.

Psalm 25,8+9:

Ich glaube, dass Gott gut und gerecht ist und deshalb Sündern (wie mir) den Weg weist (gewiesen hat). Ich glaube, dass er die Elenden in Gerechtigkeit leitet und die Elenden auf seinen Weg führt. Ich glaube, dass Jesus für mich alles vollbracht hat, damit ich in die Gegenwart Gottes eintreten konnte.

Römer 5,19:

Ich glaube, dass ich durch den Ungehorsam des einen Menschen zu einer Sünderin wurde (die Vielen zu Sündern gemacht wurden) und ich durch den Gehorsam des einen (Jesus), gerecht gemacht wurde (viele zu Gerechten gemacht wurden).

Hesekiel 18,32:

Ich glaube, dass Gott keinen Gefallen am Tod von mir gehabt hat/hätte, dass ich hätte sterben müssen. Deshalb wollte/will Gott, dass ich umkehre, denn er wollte/will, dass ich lebe. Ich glaube, dass er um seiner Gerechtigkeit willen der Sünde bestrafen/richten musste. Meine Strafe legte er auf Jesus. Wenn ich Jesus nicht vertraue, muss ich meine Strafe selbst bezahlen. Ich bin umgekehrt und habe ihn (Jesus und das Kreuz) angenommen, deshalb trifft mich keine Strafe mehr.

Sprüche 11,4:

Ich glaube, dass mir Reichtum (und gute Werke) am Tag des Zorns nicht helfen werden. Ich glaube, dass meine Gerechtigkeit vor Gott (durch Jesus und den Glauben) mich vor dem Tod retten wird.

Sprüche 2,7:

Ich glaube, dass mein Vater für mich, als Aufrichtige/Gerechte, Gelingen bereithält und dass er mich beschirmt, wenn/weil ich in Lauterkeit wandele (durch Jesus).

Sprüche 4,11:

Ich glaube, dass Gott, mein Vater und Jesus, mein Herr mich auf dem Weg der Weisheit lehren wollen. Ich glaube, dass er mich auf gerader Bahn leitet.

Sprüche 2,8:

Ich glaube, dass Gott den Pfad des Rechts bewahrt (er kann nicht anders, er muss Gerechtigkeit üben, Gott ist gerecht). Ich glaube, dass er meinen Weg als Getreue behütet.

Galater 2,21:

Ich glaube, dass ich die Gnade Gottes nicht verwerfen sollte. Ich glaube, wenn die Gerechtigkeit aus dem Gesetz (Mose) käme, wäre Christus umsonst gestorben.

Psalm 146,8:

Ich glaube, dass Gott (immer noch durch Jesus) Blinde sehend macht, die Elenden aufrichtet und die Gerechten liebt.

Titus 3,5:

Ich glaube, dass Gott mich nicht, um der Werke der Gerechtigkeit willen, die ich getan hätte, sondern aufgrund seiner Barmherzigkeit, errettet, durch das Bad der Wiedergeburt und durch die Erneuerung des Heiligen Geistes.

Matthäus 19,26:

Ich glaube, dass die Errettung für mich nicht (aus eigenen Werken) möglich war, aber dass für Gott nichts unmöglich ist und er mich aus der Hölle rettete, durch Jesus. Ich hätte es nicht gekonnt. Hiob 37,23 Ich glaube, dass Gott von unbegreiflicher Kraft ist, voll Recht und Gerechtigkeit und er sich nicht beugt. Ich beuge/verbeuge mich vor ihm.

1. Johannes 3,4:

Ich glaube, wenn ich Sünde tue, dass ich Gesetzlosigkeit tue. Ich glaube, dass die Sünde die Gesetzlosigkeit ist. Ich glaube, dass ich, solange ich hier auf der Erde bin, immer wieder sündigen werde, aber nicht willentlich, sondern weil mein Geist willig und mein Fleisch schwach ist (Matthäus 26,41). Dennoch bin ich gewillt, strebe danach und übe mich darin, mit dem Geist die Taten des Leibes zu töten.

Jesaja 55,6-8:

Ich glaube, dass ich Gott suchen musste, solange er zu finden ist/war, dass ich ihn (ehrlichen Herzens) anrufen musste. Ich glaube, dass es gut ist/war, dass ich als Gottlose und Sünderin die verkehrten Wege verlassen habe, zu Gott umgekehrt bin und Jesus als meinen (persönlichen) Retter (und König) angenommen habe (in Unterordnung). Ich glaube, dass Gott sich über mich erbarmt hat, weil ich ehrlichen Herzens umkehrt bin und ehrlichen Herzens um Vergebung gebeten habe. Ich glaube, dass Gottes Gedanken nicht meine Gedanken sind und seine Wege nicht meine Wege sind. Ich glaube, so hoch der Himmel über der Erde ist, so viel höher sind Gottes Wege als meine Wege und seine Gedanken als meine Gedanken.

Johannes 10,10:

Ich glaube, dass der Dieb, der Teufel, nur kommt, um zu stehlen, zu töten und zu verderben. Ich glaube, dass Jesus gekommen ist, damit ich das Leben haben und es im Überfluss haben kann.

Sprüche 10,28:

Ich glaube, dass mir das Warten als Gerechte Freude bringen wird.

Philipper 4,19:

Ich glaube, dass mein Gott in der Lage ist, all meinen Mangel (und den der anderen) auszufüllen, nach seinem Reichtum in Herrlichkeit in Christus Jesus. Meinem/Unseren Gott und Vater gebe ich die Ehre von Ewigkeit zu Ewigkeit.

Sacharja 9,9:

Ich glaube dem Propheten, der sagte/prophezeite, dass der König kommen wird, ein Gerechter, ein Retter, der demütig ist und auf einem Esel einreitet (wie es dann auch war). Danke Jesus. Ich glaube an dich und ich glaube dir!

Jeremia 29,11:

Ich glaube, dass Gott Gedanken des Friedens über mich hat und nicht des Unheils, um mir eine Zukunft und eine Hoffnung zu geben.

Jesaja 40,31:

Ich glaube, wenn ich auf den Herrn harre, bekomme ich neue Kraft. Ich weiß, dass ich dann auffahre mit Flügel wie Adler und dass ich laufe und nicht matt werde, dass ich wandele und nicht müde werde.

Jesaja 43,2:

Ich glaube, wenn ich durchs Wasser gehe, ist Gott bei mir, wenn ich durch Ströme muss, werden sie mich nicht ertränken. Wenn ich durchs Feuer gehe, werde ich nicht verbrennen. In jeder Bedrängnis ist Gott bei mir!

Hebräer 10,23:

Ich will Festhalten, am Bekenntnis der Hoffnung, ohne zu wanken, denn ich glaube, dass der treu ist, der die Verheißung gegeben hat. Ich glaube, dass wir aufeinander achtgeben sollen, dass wir uns gegenseitig anspornen zur Liebe und zu guten Werken, indem wir unsere Versammlungen/Zusammenkünfte und Gemeinschaften nicht verlassen, wie es einige zu tun pflegen, sondern **einander** ermahnen, und das umso mehr, als wir den Tag herannahen sehen.

1. Thessalonicher 5,24:

Ich glaube, dass Gott treu ist, dass Jesus treu ist, dass der treu ist, der mich berufen hat. Wenn er mich berufen hat, wird er es auch vollbringen. Das Werk, das er in mir angefangen hat, wird er vollenden, zu seiner Ehre (Philipper 1,6).

2. Petrus 3,9:

Ich glaube, dass Gott nicht die Verheißung hinauszögert, wie manche es meinen, sondern dass er langmütig gegen uns ist, weil er nicht will, dass jemand verlorengeht, sondern dass jeder Raum zur Buße hat.

Matthäus 7,7:

Ich glaube, wenn ich bitte, wird mir gegeben werden, wenn ich suche, werde ich finden und wenn ich anklopfe, wird mir aufgetan. Ich glaube, dass jeder, wenn er bittet, empfangen wird, dass jeder, wenn er sucht, finden wird, dass jedem, wenn er anklopft, aufgetan wird. Wenn es mir an Weisheit mangelt und ich bitte, wird Gott sie mir geben, ohne mir Vorwürfe zu machen (Jakobus 1,5).

5. Mose 7,9:

Ich glaube, dass der Herr, mein Gott, der wahre Gott ist, der treue Gott, der den Bund und die Gnade mir bewahren wird, weil ich ihn liebe und seine Gebote bewahre und das, was er mir über den Heiligen Geist sagen/zeigen möchte. Jesus hat mir den Weg zu ihm wieder freigemacht.

Offenbarung 3,5:

Ich glaube, wenn ich überwinde, werde ich mit weißen Kleidern bekleidet werden und mein Name wird nicht aus dem Buch des Lebens ausgelöscht, und ich werde seinen Namen bekennen vor meinem Vater und vor seinen Engeln.

1. Johannes 3,1-3:

Ich glaube, dass der Vater große Liebe zu mir hat, die ich ein Kind Gottes heißen soll. Darum erkennt mich die Welt nicht, weil sie Gott nicht erkannt hat. Ich glaube, dass ich jetzt ein Kind Gottes bin, und noch ist nicht offenbar geworden, was ich sein werde. Ich weiß aber, dass ich ihm gleichgestaltet sein werde, wenn er offenbar werden wird, denn ich werde ihn sehen, wie er ist. Weil ich diese Hoffnung auf ihn habe, reinige ich mich (der Geist Gottes heiligt mich), gleichwie auch er rein ist.

4. Mose 23,19:

Ich glaube, dass Gott nicht ein Mensch ist, dass er lüge, noch ein Menschenkind, dass ihn etwas gereuen würde. Was Gott sagt, sollte er es nicht tun? Was er geredet hat, sollte er es nicht ausführen? Hat er nicht angefangen mich zu segnen? Er segnet und ich kann es nicht abwenden!

Johannes 8,32:

Ich glaube, wenn ich die Wahrheit im/durch das Wort erkenne, werde ich frei werden!

Psalm 107,20:

Ich glaube, dass Gott seinen Sohn sandte, der das Wort ist, damit ich gesund sein kann und aus dem Grab/dem Tod entkommen konnte.

Römer 12,9-21:

Ich glaube, dass es gut ist, ungeheuchelte Liebe zu haben, auch zu den Glaubensgeschwistern. Ich glaube, dass es richtig ist, das Böse zu hassen und am Guten festzuhalten. Ich will zu meinen Geschwistern herzlich sein, in Ehrerbietung will ich zuvorkommen. Ich will im Eifer nicht nachlassen, brennend im Geist sein und meinem Herrn Jesus, dem König, dienen. Ich will fröhlich in Hoffnung sein und in Bedrängnissen standhalten. Ich will beharrlich beten. Ich will an den Nöten der Heiligen Anteil nehmen und gastfreundlich sein. Ich will segnen, die mich verfolgen, ich will segnen und nicht fluchen. Ich will mich mit den Fröhlichen freuen und mit den Weinenden weinen. Ich will gleich gesinnt sein gegen die Geschwister und nicht nach hohen Dingen trachten, sondern mich herunter zu den Niedrigen halten. Ich will mich nicht selbst für klug halten! Ich will niemandem Böses mit Bösem vergelten und auf das bedacht sein, was in den Augen aller Menschen gut ist. Ich möchte, soweit es möglich ist und an mir liegt, dass ich mit allen Menschen Frieden habe. Ich will mich nicht selbst rächen, sondern dem Zorn Gottes Raum geben, er kümmert sich darum. Ich glaube Gott, wenn er sagt, dass die Rache sein ist, dass er vergelten will. Ich will mich nicht vom Bösen überwinden lassen, sondern das Böse durch das Gute überwinden.

Ergänzung: I know! You know! We know! He knows!

Dieses Kapitel ist aus dem Heft „Mutmacher aus den Psalmen". Zu diesen Wahrheiten werde ich noch ein eigenes Heft machen, das euch hoffentlich ebenfalls reich segnen wird.

Mich hat Wahrheit freigesetzt, **Joh. 8,32**, und diese habe ich in dieses Heft übernommen. Als ich in einem amerikanischen Gottesdienst war, wurde **Römer 8,28** vorgelesen. Ich habe ihn dir hier aus der Schl.2000-Version abgedruckt und in der dort vorgelesenen King James Bibel.

„Wir wissen aber, dass denen, die Gott lieben, alle Dinge zum Besten dienen, denen, die nach dem Vorsatz berufen sind."

„<u>And we know</u> ***that all things work together for good to them that love God, to them who are called according to his purpose."***

In einem amerikanischen Gottesdienst hatte mich dieser Vers (in Englisch) mit voller Power erfasst, als die Gläubigen in der Gemeinde laut sagten **„WE KNOW!!!!" – „WIR WISSEN!!!!"**

Ja! Wir können wissen! Wir können „Gewissheit" haben. Ich hatte eine neue Erfahrung gemacht, wie Gott zu mir sprechen wollte, um biblische Wahrheiten weiterzugeben. Er offenbart sie mir in einer neuen Art und Weise und ich freute mich sehr darüber und bin/war brennend im Geist, viel von ihm, durch den Heiligen Geist, zu lernen!

An diesem Wochenende hatte ich mir die Konkordanz zur Luther-Bibel hervorgeholt und fing an, diverse Bibelstellen herauszuschreiben, in denen es um „wissen!" geht. In unterschiedlichster Art und Weise. Ich wurde so sehr gesegnet! Z.B., dass Gott bereits alles „weiß", bevor (!) wir ihn bitten. **HE KNOWS.** Er weiß!!! Für mich drückten die Worte in der englischen Sprache nochmal viel mehr aus, als sie das im Deutschen taten. Obwohl mein Englisch sehr schlecht ist (wirklich!) verstand ich die Worte. Ich gab sogar mein Zeugnis (in der Gemeinschaft) auf Englisch. Das erinnerte mich an **Apg. 2,3+4 – Apg. 19,5+6 – Mk. 16,17+18**.

Eine Auswahl von Bibelstellen, in denen es um „wissen" geht, habe ich euch hier abgedruckt. Möge es euch reichlich segnen und inspirieren, z.B. bei eurem Bibelstudium auf diese Stellen zu achten und die kraftvollen Wahrheiten auszusprechen.

In dem Heft „Mein Glaubensbekenntnis" hatte ich (basierend auf einem Bibelstudientag im Jahr 2021 – Rubrik „Livestreams und Aufzeichnungen 2021") viele Wahrheiten in der Form „Ich glaube..." aufgeführt. Zu Beginn des Heftes (Mein Glaubensbekenntnis) habe ich darauf hingewiesen, dass wir die Wahrheiten auch als „Wahrheit" ausformulieren können, ohne „ich glaube". Das Ziel des Heftes war, mit dem Heiligen Geist herauszufinden, was man wirklich glaubt oder wo man noch keinen Glauben hat. Dieses Kapitel ergänzt das Heft wunderbar. Wenn du willst, kopiere dieses Kapitel (oder drucke es aus – PDF auf der Homepage) und lege es dir in das Heft „Mein Glaubensbekenntnis", als Ergänzung. Evtl. werde ich aus den kraftvollen Wahrheiten ein eigenes Heft erstellen, damit du alles im Wort nachlesen kannst.

<u>Psalm 20,7:</u>

„<u>Nun weiß ich</u>, dass der HERR seinem Gesalbten hilft. Er antwortet ihm aus seinem heiligen Himmel mit rettenden Machttaten seiner Rechten."

Psalm 119,75:

*„**HERR, ich weiß**, dass deine Bestimmungen gerecht sind, und dass du mich in Treue gedemütigt hast."*

Psalm 140,13:

*„**Ich weiß**, dass der HERR die Sache des Elenden führen wird und den Armen Recht schaffen wird."*

Jesaja 50,7:

*„Aber GOTT, der Herr, wird mir helfen, darum muss ich mich nicht schämen; darum machte ich mein Angesicht wie einen Kieselstein, **denn ich wusste**, dass ich nicht zuschanden würde."*

Matthäus 6,8:

*„Darum sollt ihr ihnen nicht gleichen! **Denn euer Vater weiß**, was ihr benötigt, ehe ihr ihn bittet."*

(Mt. 6,32 – Lk. 12,30).

Matthäus 9,6:

*„**Damit ihr aber wisst**, dass der Sohn des Menschen Vollmacht hat, auf Erden Sünden zu vergeben — sprach er zu dem Gelähmten: Steh auf, nimm deine Liegematte und geh heim!"*

(Mk. 2,10 – Lk. 5,24) – Damit wir wissen (!), wie Gott/Jesus ist und wir wissen (!), was Gott tut, hat Jesus diese Dinge gesagt und getan. Gott hat ein letztes Mal durch seinen Sohn geredet, **Hebr. 1,1+2**.

Matthäus 22,16:

*„Und sie sandten ihre Jünger samt den Herodianern zu ihm, die sprachen: Meister, **wir wissen**, dass du wahrhaftig bist und den Weg Gottes in Wahrheit lehrst und auf niemand Rücksicht nimmst; denn du siehst die Person der Menschen nicht an."*

Markus 4,26-29:

*„Und er sprach: Mit dem Reich Gottes ist es so, wie wenn ein Mensch den Samen auf die Erde wirft 27 und schläft und aufsteht, Nacht und Tag, und der Same keimt und geht auf, **ohne dass er es weiß**. 28 Denn die Erde trägt von selbst Frucht, zuerst den Halm, danach die Ähre, dann den vollen*

Weizen in der Ähre. 29 Wenn aber die Frucht es zulässt,.schickt er sogleich die Sichel hin; denn die Ernte ist da."

Es geht von allein. Wenn das Wort auf fruchtbaren Boden fällt, bringt es von allein Frucht, Mt. 13,18-23 – Mk. 4,14-20 – Lk. 8,11-15. Wir wissen (!) gar nicht, dass die Frucht wächst! Ich kenne das. Oft erfasse ich das „Ergebnis" zu einer Zeit, wo alles schon zur Frucht herangewachsen ist.

Markus 5,33+34:

„Aber die Frau kam mit Furcht und Zittern, **weil sie wusste**, ***was an ihr geschehen war, und warf sich vor ihm nieder und sagte ihm die ganze Wahrheit. 34 Er aber sprach zu ihr: Tochter, dein Glaube hat dich gerettet! Geh hin im Frieden und sei von deiner Plage gesund!"***

(Mt. 9,21+22 – Lk. 8,44-48). Weißt du, was Gott an dir getan hat? Weißt du, wer du in und durch Jesus geworden bist? Weißt du, was an dir mit der Neugeburt geschehen ist?

Lukas 4,40+41:

„Als aber die Sonne unterging, brachten alle, die Kranke hatten mit mancherlei Gebrechen, sie zu ihm, und er legte einem jeden von ihnen die Hände auf und heilte sie. 41 Es fuhren auch Dämonen aus von vielen, indem sie schrien und sprachen: Du bist der Christus, der Sohn Gottes! Und er befahl ihnen und ließ sie nicht reden, **weil sie wussten**, ***dass er der Christus war."***

Die Dämonen fuhren aus, weil sie „wussten", dass Jesus der Christus war. Wenn wir geistlich kämpfen, Eph.6, müssen die Dämonen weichen. Vor dem Namen Jesus müssen sich alle Knie beugen, Phil. 2,10. Manchmal haben wir mit Menschen (auch Gläubigen) zu tun, die noch von vielen Dämonen beherrscht werden. Ich sage oft, dass zwei Dinge geschehen können (wenn sie mit uns Gemeinschaft haben). Entweder haben die Dämonen die Herrschaft, dann geht der Mensch mit den Dämonen. Sie können das Licht nicht ertragen. Oder die Dämonen weichen und der Mensch bleibt, weil er wahrhaftig das Licht sucht.

Lukas 10,22:

„Und zu den Jüngern gewandt sagte er: Alles ist mir übergeben worden von meinem Vater; und niemand weiß, wer der Sohn ist, als nur der Vater; und wer der Vater ist, [weiß niemand] als nur der Sohn und wem der Sohn es offenbaren will."

Ich habe meine Neugeburt so erlebt, dass ich zuerst zu Gott gebetet hatte. Dann, 14 Tage später, begegnete mir der Name Jesus. Er kam in mein Leben und ich habe ihn an- und ernstgenommen. Noch einmal ein paar Wochen später begegnete mir der Geist Gottes und ich versprach Jesus, dass ich „nur ihm!" dienen werde. Mir wurde Gott geoffenbart, wie er wirklich ist. Ich kann ihn in der ganzen Heiligen Schrift erkennen. Im Verstand können wir Gott nicht erkennen.

Johannes 9,9-13:

„Nikodemus antwortete und sprach zu ihm: Wie kann das geschehen? 10 Jesus erwiderte und sprach zu ihm: Du bist der Lehrer Israels und verstehst das nicht? 11 Wahrlich, wahrlich, ich sage dir: Wir reden, was wir wissen, und wir bezeugen, was wir gesehen haben; und doch nehmt ihr unser Zeugnis nicht an. 12 Glaubt ihr nicht, wenn ich euch von irdischen Dingen sage, wie werdet ihr glauben, wenn ich euch von den himmlischen Dingen sagen werde? 13 Und niemand ist hinaufgestiegen in den Himmel, außer dem, der aus dem Himmel herabgestiegen ist, dem Sohn des Menschen, der im Himmel ist."

Als Nachfolger Jesu reden wir über das, was wir „wissen" und bezeugen, was wir erfahren haben (z.B. wie wir zum Glauben gekommen sind oder von Zeugnissen, die zur Ehre Gottes sind). Lebe in dem „neuen" Wissen, nicht in dem „alten".

Johannes 4,22:

„Ihr betet an, was ihr nicht kennt; wir beten an, was wir kennen, denn das Heil kommt aus den Juden."

Der Heilige Geist hat mir gezeigt, dass es einen Unterschied gibt, zwischen „Wissen" und „Kennen". Ich kann etwas wissen, aber es nicht kennen. Z.B. kann ich wissen, dass es Schokoladenkekse gibt, aber ich kenne sie nicht, weil ich sie noch nie gegessen habe. Wir können wissen, dass Jesus für unsere Sünden gestorben ist, ihn aber nicht kennen, weil wir keine persönliche Beziehung zu ihm haben. Als ich noch im Coaching und der Ernährungsberatung war, sagte einmal eine Dozentin: „Wir sind Wissensriesen und Umsetzungszwerge!" Dieser Satz ist sehr passend. Oft sind wir „Wissensriesen" und „Umsetzungs-zwerge" im Glauben. Die Juden wussten, wen sie anbeteten bzw. anbeten. Diesen einen, allmächtigen, Gott! Weißt du, wen du anbetest und zu wem du gehörst? Weißt du, dass du als Nicht-Jude nur durch Jesus Zugang zu diesem einen Gott hast/hattest? Weißt du, wen du anbetest? **Empfehlung:** Heft **„Alter und Neuer Bund – Unterschiede verstehen"** und **„Gnade, Glaube und Evangelium"**.

Johannes 4,25+26:

„Die Frau spricht zu ihm: Ich weiß, dass der Messias kommt, welcher Christus genannt wird; wenn dieser kommt, wird er uns alles verkündigen. 26 Jesus spricht zu ihr: Ich bin's, der mit dir redet!"

Die Samariterin am Brunnen „wusste"... Gott weiß, wen er für den Dienst, das Evangelium zu verkünden, auswählt.

Johannes 5,32:

„Ein anderer ist es, der von mir Zeugnis ablegt; und ich weiß, dass das Zeugnis glaubwürdig ist, das er von mir bezeugt."

Jesus wurde als „Mensch" geboren, obwohl er der Messias und von Gott bezeugt war. Er wusste, dass er der Messias ist. Johannes der Täufer legte Zeugnis ab und Jesus wusste, dass sein (Johannes) Zeugnis glaubwürdig ist. Jesus wusste, wer er war. Wenn wir neugeboren wurden, ist es wichtig zu erkennen, wer wir in Christus geworden sind. Der Geist Gottes bezeugt unserem Geist, dass wir Kinder Gottes geworden sind, Rö. 8,16. Die Pharisäer „glaubten" zu wissen, woher Jesus kam, Joh. 7,27. Sie sahen nur, dass er aus Nazareth war und für sie kam von dort nichts Gutes, Joh. 1,46. Sie „glaubten" zu „wissen". Sie waren (bzw. moderne Pharisäer sind heute genauso) hochmütig und „glaubten/glauben" zu „wissen", dabei wusste sie nichts. Jesus gab ihnen zu verstehen, dass er (!) wusste woher er kam und wohin er gehen würde, Joh. 8,14. Weißt du, woher du gekommen bist und wohin dich die Neugeburt gebracht hat und wohin du gehen wirst? **Empfehlung: „Vom Paradies, über die Hölle, in die Herrlichkeit – Teil 4"** – Rubrik „Seminarreihen/Bibl. Wahrheiten".

Johannes 12,50:

„Und ich weiß, dass sein Gebot ewiges Leben ist. Darum, was ich rede, das rede ich so, wie der Vater es mir gesagt hat."

Jesus wusste, dass sein Gebot ewiges Leben ist und er redete, wie der Vater es ihm sagte. So auch wir. Ohne Jesus können wir nichts tun, Joh. 15. Wir tun, was wir Jesus tun sahen und was Gott uns durch den Heiligen Geist aufträgt. Wir reden, was wir im Wort lesen, denn das Wort ist Gott, Joh. 1.

Johannes 11,42:

„Ich aber weiß, dass du mich allezeit erhörst; doch um der umstehenden Menge willen habe ich es gesagt, damit sie glauben, dass du mich gesandt hast."

Jesus erwecke Lazarus aus den Toten. Jesus wusste, dass sein Vater ihn allezeit hören und auf ihn reagieren würde. Wissen wir das auch? Welchen Glauben haben wir, bzw. welches Wissen oder welche Erfahrung? Müssen wir laut beten wie die Pharisäer oder wissen wir, dass Gott uns wahrnimmt und hört, wenn wir im Geist mit ihm kommunizieren? Mt. 6,5-15 – Lk. 11,1-4. Warum sagte Jesus diese Dinge? Damit die umstehenden Menschen zum Glauben an ihn kamen, dass sie glaubten, dass Gott, der Vater, ihn gesandt hatte. Alles, was Jesus getan und gesagt hat, soll uns zum Glauben bringen. Jesus wusste, dass der Vater ihm alles in die Hände gegeben hatte und dass er von Gott ausgegangen war und wieder dorthin gehen würde, Joh. 13,3.

Johannes 16,26-30:

„An jenem Tag werdet ihr in meinem Namen bitten, und ich sage euch nicht, dass ich den Vater für euch bitten will; 27 denn er selbst, der Vater, hat euch lieb, weil ihr mich liebt und glaubt, dass ich von Gott ausgegangen bin. 28 Ich bin vom Vater ausgegangen und in die Welt gekommen; wiederum verlasse ich die Welt und gehe zum Vater. 29 Da sagen seine Jünger zu ihm: Siehe, jetzt redest du offen und gebrauchst kein Gleichnis! 30 Jetzt wissen wir, dass du alles weißt und es nicht nötig hast, dass dich jemand fragt; darum glauben wir, dass du von Gott ausgegangen bist!"

Die Jünger wussten, dass Jesus alles weiß! Weißt du das auch? Der Vater hat „uns" lieb, weil „wir" Jesus lieben und glauben, dass er von Gott ausgegangen ist. Liebst du Jesus bzw. welchen Jesus liebst du? Der Teufel ist listig und hat verschiedene Bildnisse von Jesus erschaffen, viele davon in der Esoterik, viele aber auch in regulären „christlichen" Kreisen. **Empfehlung: „Jesus als Herrn anerkennen, in Unterordnung – vom geistlichen Abfall in den letzten Tagen**" – Rubrik „Inspiration/ Gedankenerneuerung 2021".

Johannes 21,24+25:

„Das ist der Jünger, der von diesen Dingen Zeugnis ablegt und dies geschrieben hat; und wir wissen, dass sein Zeugnis wahr ist. 25 Es sind aber noch viele andere Dinge, die Jesus getan hat; und wenn sie eines nach dem anderen beschrieben würden, so glaube ich, die Welt würde die Bücher gar nicht fassen, die zu schreiben wären. Amen."

Es geht um das Zeugnis von Johannes (Johannes-Evangelium). Der Zusatz: „Wir wissen, dass sein Zeugnis wahr ist!" Ich habe letztens eine Dokumentation gesehen, da wurde gesagt, dass es weniger wissenschaftliche Beweise für Alexander den Großen gibt als über Jesus. Dennoch glauben die Menschen an Alexander den Großen und Jesus halten sie für eine „Legende". Die Evangelien können als wahr angesehen werden. **Empfehlung:** Dokumentationsserie **„Drive Thry History – Unterwegs im Heiligen Land**" und **„Drive Thru History – Unterwegs durch die Evangelien**". Du findest sie auf YouTube. Wer zum Glauben gekommen ist, glaubt, dass Jesus lebt, dass er für unsere Sünden starb, dass Gott ihn aus den Toten auferweckt hat, dass er zur Rechten Gottes sitzt und von dort „sein" Reich regiert. **Empfehlung: „Teil 14 – Welt und Reich Gottes**" – Reihe „Bibl. Wahrheiten für die Jüngerschaft" – Rubrik „Seminarreihen" und insbesondere dort die Infobox mit vielen Informationen und Bibelstellen.

Johannes 11,22:

„Doch auch jetzt weiß ich: Was immer du von Gott erbitten wirst, das wird Gott dir geben."

Lazarus war gestorben. Martha vertraute Jesus noch immer, obwohl ihr Bruder gestorben war. Sie sagte: „Doch auch jetzt weiß ich...". Können wir das auch sagen? Sie wusste, dass Gott Jesus alles (!) geben würde, worum er ihn bittet! Ich könnte jetzt viel über Gebet schreiben, wofür uns heute Zeit und Platz fehlt. Einiges dazu findest du im Themenbereich „Gebet". Ich werde zu diesem Thema noch ein eigenes Heft mit umfangreichen Bibelstellen schreiben. Bis dahin findet ihr viele wertvolle Beiträge (auch eine Mini-Gebetsreihe) auf der Homepage! Auf einen Punkt möchte ich jedoch aufmerksam machen: Oft glauben wir, dass Gott unsere Gebete nicht erhört, weil er nicht „will". Er könnte zwar, aber er will nicht. Hierzu verweise ich auf Jak. 4,1-6. Viele (selbst wenn es um Heilung geliebter Personen geht) bitten nur, um ihre eigenen selbstsüchtigen Wünsche zu befriedigen. Wenn wir so beten, bekommen wir nicht. Ich möchte in meinem Leben, was du für mich willst, und ich möchte dich nicht begrenzen! In Joh. 11,42 sagt Jesus, dass er weiß (!), dass Gott ihn allezeit erhört. Und im Gleichnis vom ungerechten Richter gab Jesus zu bedenken, ob er noch den rechten Glauben auf der Erde finden wird, wenn er wiederkommt, Lk. 18,1-8? Wir sind „in Christus" und deshalb gilt das Gleiche für uns! Wenn wir in der richtigen Haltung wandeln.

Apostelgeschichte 1,7:

„Er aber sprach zu ihnen: Es ist nicht eure Sache, die Zeiten oder Zeitpunkte zu kennen, die der Vater in seiner eigenen Vollmacht festgesetzt hat…"

Jesus hat uns klar aufgetragen, was uns nicht zusteht zu „wissen" und zu „kennen". Noch nicht einmal er selbst kennt den Zeitpunkt, an dem er zurück auf die Erde kommen wird, Mt. 24,36 – Mk. 13,32 – Lk. 21,25-38. Jesus rief uns zur Ermahnung und zur Wachsamkeit auf, das sollten wir uns zu Herzen nehmen. Ein paar Bibelverse (nicht abschließend) dazu: 1. Petr. 5,8 – Joh. 10,10 – Mt. 8,15 – Spr. 8,33+34 – Mt. 24,4+5 – Mk. 8,15 – Rö. 16,17 – 1. Kor. 16,13 – Lk. 12,15 – Lk. 17,1-3 – Gal. 6,1 – Hebr. 2,1 – Mk. 13,32-37 – 1. Petr. 4,7 – Mt. 24,22-24 – Lk. 21,22-36 – 1. Thess. 5,4-8 – 1. Petr. 3,15 – Kol. 4,5+6 – Gal. 6,10.

Apostelgeschichte 2,22:

„Ihr Männer von Israel, hört diese Worte: Jesus, der Nazarener, einen Mann, der von Gott euch gegenüber beglaubigt wurde durch Kräfte und Wunder und Zeichen, die Gott durch ihn in eurer Mitte wirkte, wie ihr auch selbst wisst, 23 diesen, der nach Gottes festgesetztem Ratschluss und Vorsehung dahingegeben worden war, habt ihr genommen und durch die Hände der Gesetzlosen ans Kreuz geschlagen und getötet. 24 Ihn hat Gott auferweckt, indem er die Wehen des Todes auflöste, weil es ja unmöglich war, dass Er von ihm festgehalten würde."

Sie glaubten, dass Gott Jesus bestätigt hatte. Und Gott wird auch uns bestätigen.

Apostelgeschichte 2,29-31:

„Ihr Männer und Brüder, es sei mir erlaubt, freimütig zu euch zu reden von dem Stammvater David: Er ist gestorben und begraben, und sein Grab ist unter uns bis zu diesem Tag. 30 Da er nun ein Prophet war und wusste, dass Gott ihm mit einem Eid verheißen hatte, dass er aus der Frucht seiner Lenden, dem Fleisch nach, den Christus erwecken werde, damit er auf seinem Thron sitze, 31 hat er vorausschauend von der Auferstehung des Christus geredet, dass seine Seele nicht dem Totenreich preisgegeben worden ist und auch sein Fleisch die Verwesung nicht gesehen hat."

David wusste, dass aus seiner Ahnenreihe der Messias hervorgehen würde! Paulus redet in der Apostelgeschichte darüber.

Apostelgeschichte 2,3:

„So soll nun das ganze Haus Israel mit Gewissheit erkennen, dass Gott Ihn sowohl zum Herrn als auch zum Christus gemacht hat, eben diesen Jesus, den ihr gekreuzigt habt!"

Das ganze Haus Israel soll mit Gewissheit erkennen, dass Gott ihn (Jesus!) sowohl zum Herrn als auch zum Christus gemacht hat!

Apostelgeschichte 12,6-12:

„Als nun Herodes ihn vorführen wollte, schlief Petrus in jener Nacht zwischen zwei Kriegsknechten, mit zwei Ketten gebunden; und Wächter vor der Tür bewachten das Gefängnis. 7 Und siehe, ein Engel des Herrn trat hinzu, und ein Licht erglänzte in dem Raum. Er weckte aber Petrus durch einen Schlag an die Seite und sprach: Steh schnell auf! Und die Ketten fielen ihm von den Händen. 8 Und der Engel sprach zu ihm: Umgürte dich und zieh deine Schuhe an! Und er tat es. Und [jener] spricht zu ihm: Wirf deinen Mantel um und folge mir! 9 Und er ging hinaus und folgte ihm und wusste nicht, dass es Wirklichkeit war, was durch den Engel geschah, sondern er meinte ein Gesicht zu sehen. 10 Als sie aber durch die erste und die zweite Wache hindurchgegangen waren, kamen sie zu dem eisernen Tor, das zur Stadt führt, und dieses öffnete sich ihnen von selbst. Und sie traten hinaus und gingen eine Gasse weit, und mit einem Mal verließ ihn der Engel. 11 Da kam Petrus zu sich und sprach: Nun weiß ich wahrhaftig, dass der Herr seinen Engel gesandt und mich errettet hat aus der Hand des Herodes und von allem, was das jüdische Volk erhoffte! 12 Und er besann sich und ging zum Haus der Maria, der Mutter des Johannes mit dem Beinamen Markus, wo viele versammelt waren und beteten."

Petrus saß im Gefängnis und ein Engel hatte ihn befreit. Danach wusste (!) er „wahrhaftig", dass Gott es war, der ihn aus der Hand des Herodes und von allem, was das jüdische Volk wollte, befreit hatte. Wenn wir mit Gott eine Erfahrung gemacht haben, dann „wissen" wir in einer anderen Art und Weise. Wir haben eine Erfahrung gemacht und Gott in einer Sache/Angelegenheit wahrhaftig kennengelernt! Ich bete dafür, dass jeder diese Erfahrungen macht, doch leider gehen viele Christen nicht vorwärts, weil sie glauben, dass sie das erst tun können, wenn sie zu etwas „bereit" sind. Es ist ihnen unangenehm, nicht gut genug zu sein und sie haben immer noch Angst vor dem Versagen! Wenn wir in unserer Schwachheit nicht gehen, werden wie nie erfahren, wie Gott in unserem Leben wirkt.

Apostelgeschichte 19,15:

„Aber der böse Geist antwortete und sprach: Jesus kenne ich, und von Paulus weiß ich; wer aber seid ihr?"

Die Dämonen kennen Jesus. Sie wissen, woher er gekommen ist und welche Macht er hat. In Mt. 8,29 schrien die Dämonen und nannten ihn „Jesus, du Sohn Gottes!". Diese Stelle ging mir einmal durch und durch. Sie sagten: „Willst du uns schon vor der Zeit quälen?" Sie wissen, dass sie verloren haben und Gott sie in die ewige Finsternis werfen wird, wo es nur noch Jammern und Zähneknirschen geben wird. Ich habe schon sehr oft die Erfahrung gemacht, dass Dämonen kein Problem haben, wenn jemand nicht radikal im Licht steht. Sie wissen, wer nur so halbherzig Jesus nachfolgt. Oftmals sind Rebellen mit mir aneinandergeraten, während sie mit denjenigen, die mehr im Fleisch statt in der Autorität stehen, kein Problem haben. Meist will der Feind diese sogar noch nutzen, um andere zu Fall zu bringen. Es kam schon oft vor, dass Gläubige mir gegenüber z.B. nicht jammerten, anderen gegenüber jedoch schon. Oder einmal war eine Frau, die mit Homosexualität zu tun hatte, die vor einer Gläubigen das T-Shirt hochhob, bei mir hätte sie sich das nie erlaubt. Die Dämonen können nur insoweit in unserem Leben wirken und die Bühne haben, wie wir es ihnen erlauben. Und je mehr wir noch die Finsternis lieben, umso wohler fühlen sie sich bei uns. Kennt der Teufel dich als jemanden, in dem Christus präsent ist? Phil. 2,10 – Mt. 8,29 – Mk. 5,1-20 – Lk. 8,26-39 – Lk. 4,33 – Mk. 1,24.

Persönliche Glaubensbekenntnisse

Hier hast du noch einmal Platz, selbst wichtige Erkenntnisse zu notieren, die du glaubst.

Ich glaube, dass es wichtig ist, im Gebet selbst herauszufinden, wo man stark oder (noch) schwach im Glauben ist oder was man überhaupt noch nicht glauben kann. Du kannst wie der Vater des mondsüchtigen Jungen beten: „Herr, hilf meinem Unglauben!", Markus 9,24.

Der Heilige Geist wird dir helfen. Was ans Licht kommt, wird Licht!

Wichtige, persönliche Bekenntnisse…

Wichtige, persönliche Bekenntnisse:

Wichtige, persönliche Bekenntnisse:

Weitere Hefte

Hefte – groß, ca. A4 - Softcover:
Der Segen Gottes für seine Kinder: ISBN 979-8512097953
Hör auf zu Glauben: 979-8528226606
Lass los! Sorgen sind ein Date mit dem Teufel: 979-8712947485
Vorsicht Falle! Nicht überall, wo ein Jünger draufsteht, ist auch ein Jünger drin: 979-8830833370
Biblische Wahrheiten für die Jüngerschaft: 979-8760213204
Mutmacher aus den Psalmen – Kleine Psalmen-Auferbauungsreihe: 979-8395276186
Erfolg ist das, was folgt: 979-8793140713
Christliches Zeitmangement: 979-8649699051
Die vier Evangelien auf einen Blick: 979-8693580633
Wahrheitgeber: 979-8443518572
Alter und Neuer Bund – Unterschiede verstehen: 979-8351973326
Gnade, Glaube und Evangelium – Die Wahrheit macht dich frei: 979-8390803738
Mutmacher – Gott meint es gut mit uns: 979-8371349859

Taschenbücher – ca. 120 Seiten – ca. A5-Format:
Halte durch bis zum Schluss: 978-1677581528
Sein Kreuz tragen: 978-1670566942
Salomo's Weisheiten: 979-8643810780
Sei einfach anders! 979-8615312939
Chat mit Jesus: 978-1709346552

Impressum:
Claudia Hofmann
Wiesentraße 6
66509 Rieschweiler-Mühlbach
www.meinwegzurückinsleben.de
www.claudiahofmann-ministries.com

Printed in Poland
by Amazon Fulfillment
Poland Sp. z o.o., Wrocław

21739030R00076